JN278219

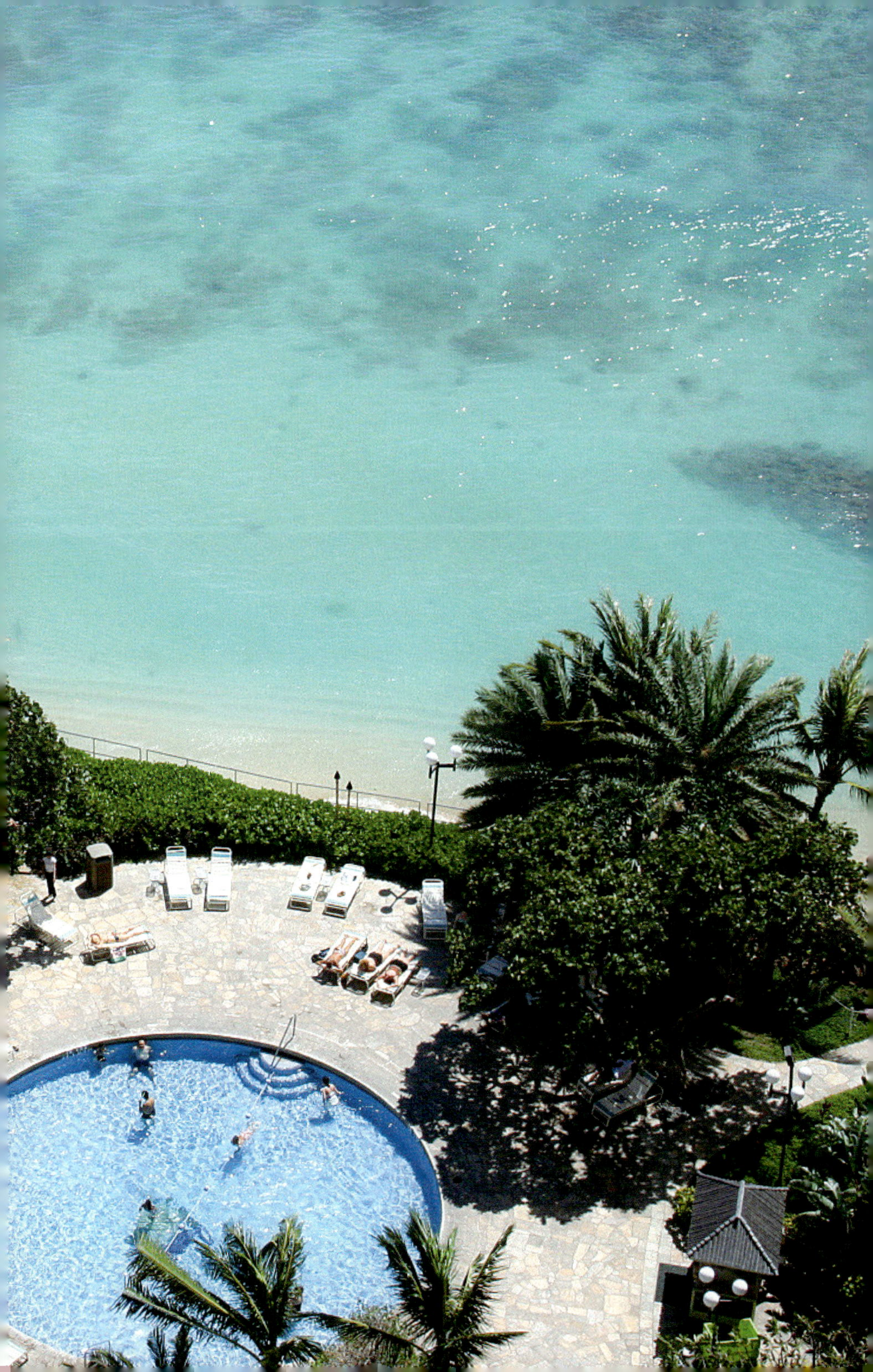

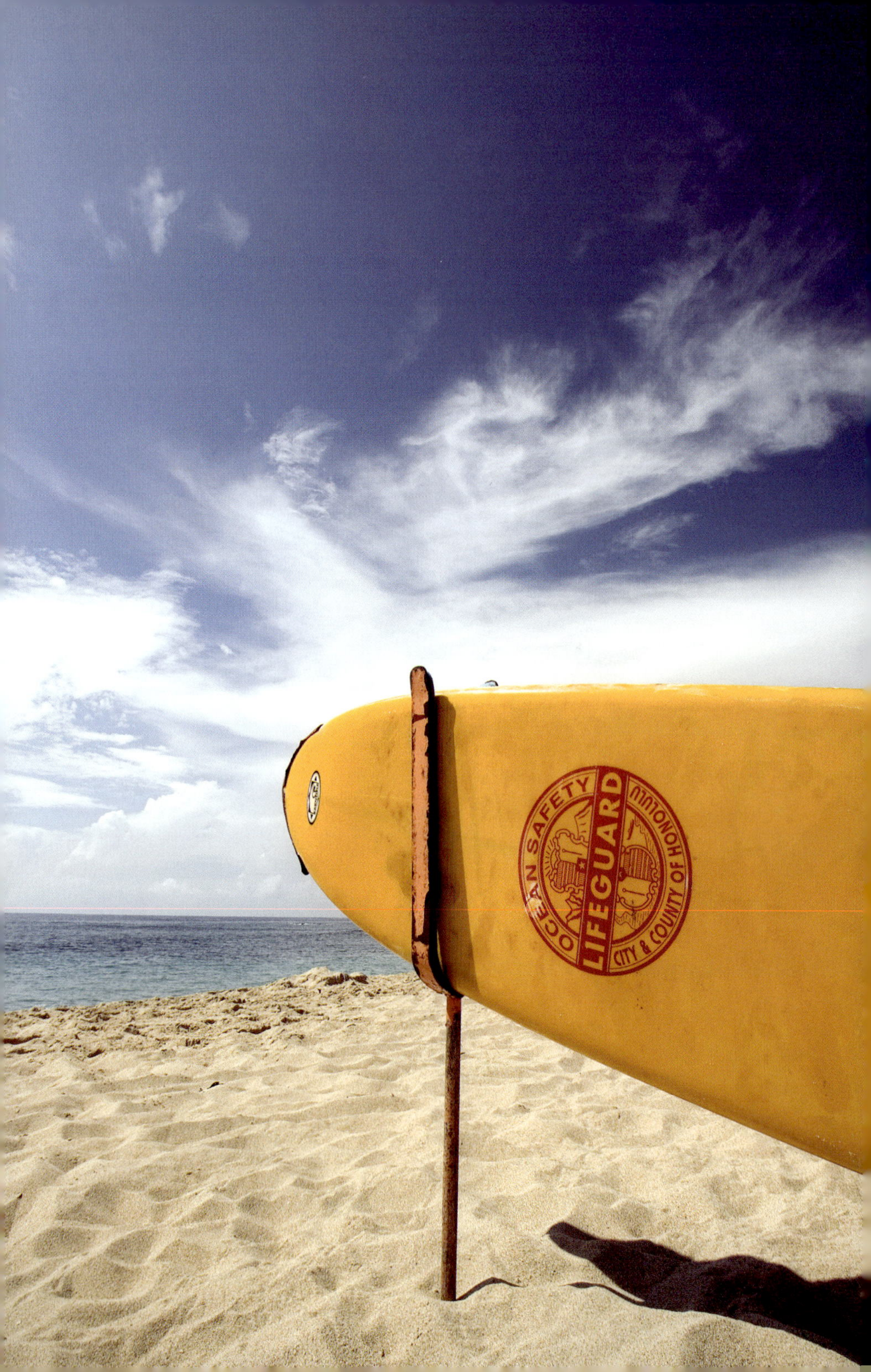
OCEAN SAFETY
LIFEGUARD
CITY & COUNTY OF HONOLULU

Cafe HALEIWA

AIR-CONDITIONED

TOURS

TOURS

Maize

CHINESE CABBAGE 4552	CHOI SUM 3322	PAK CHOI 4545	LUAU LEAF
99¢/LB	369¢ EA	169¢/LB	249¢ EA

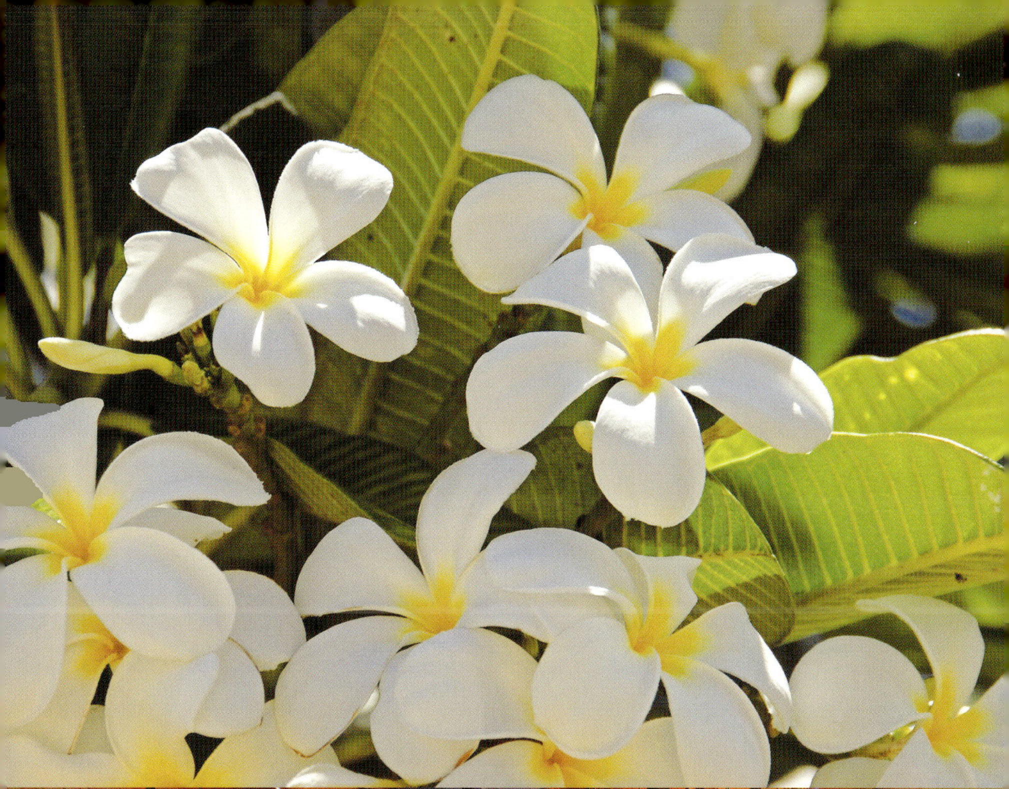

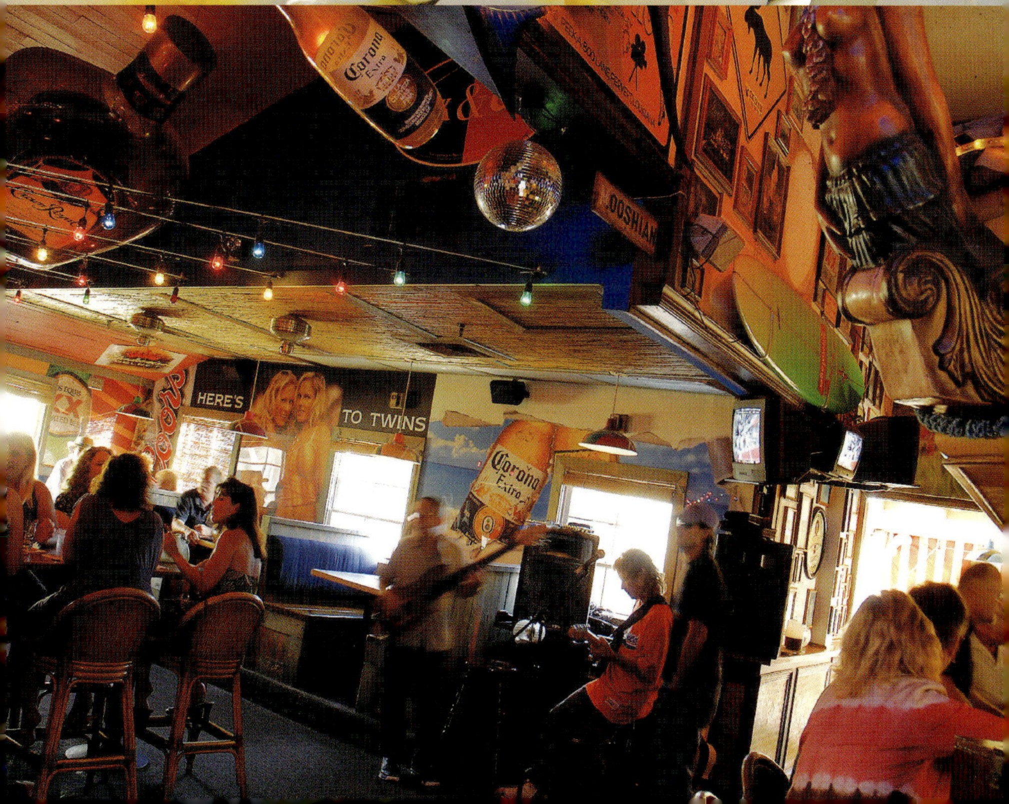

Corona Extra
HERE'S
TO TWINS
Corona Extra

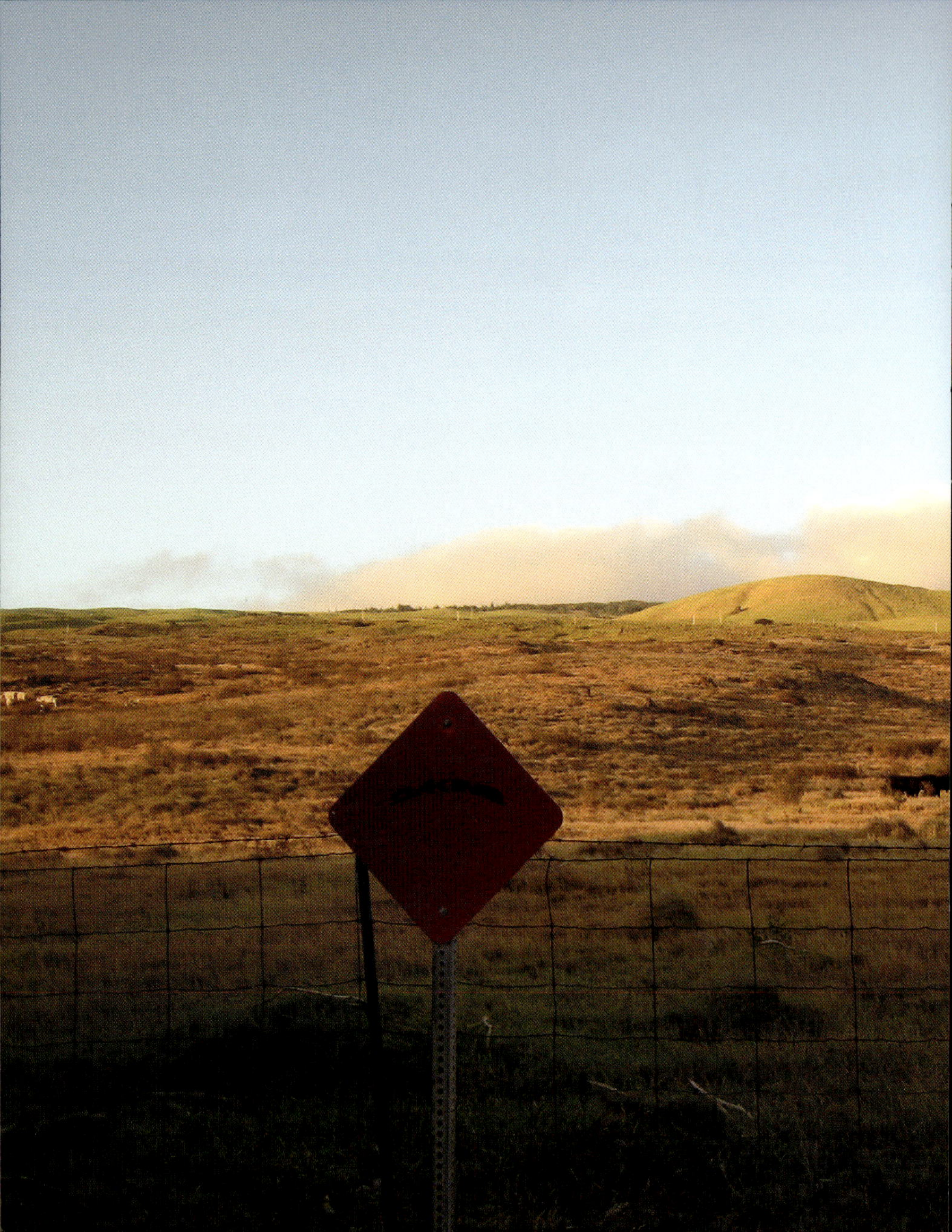

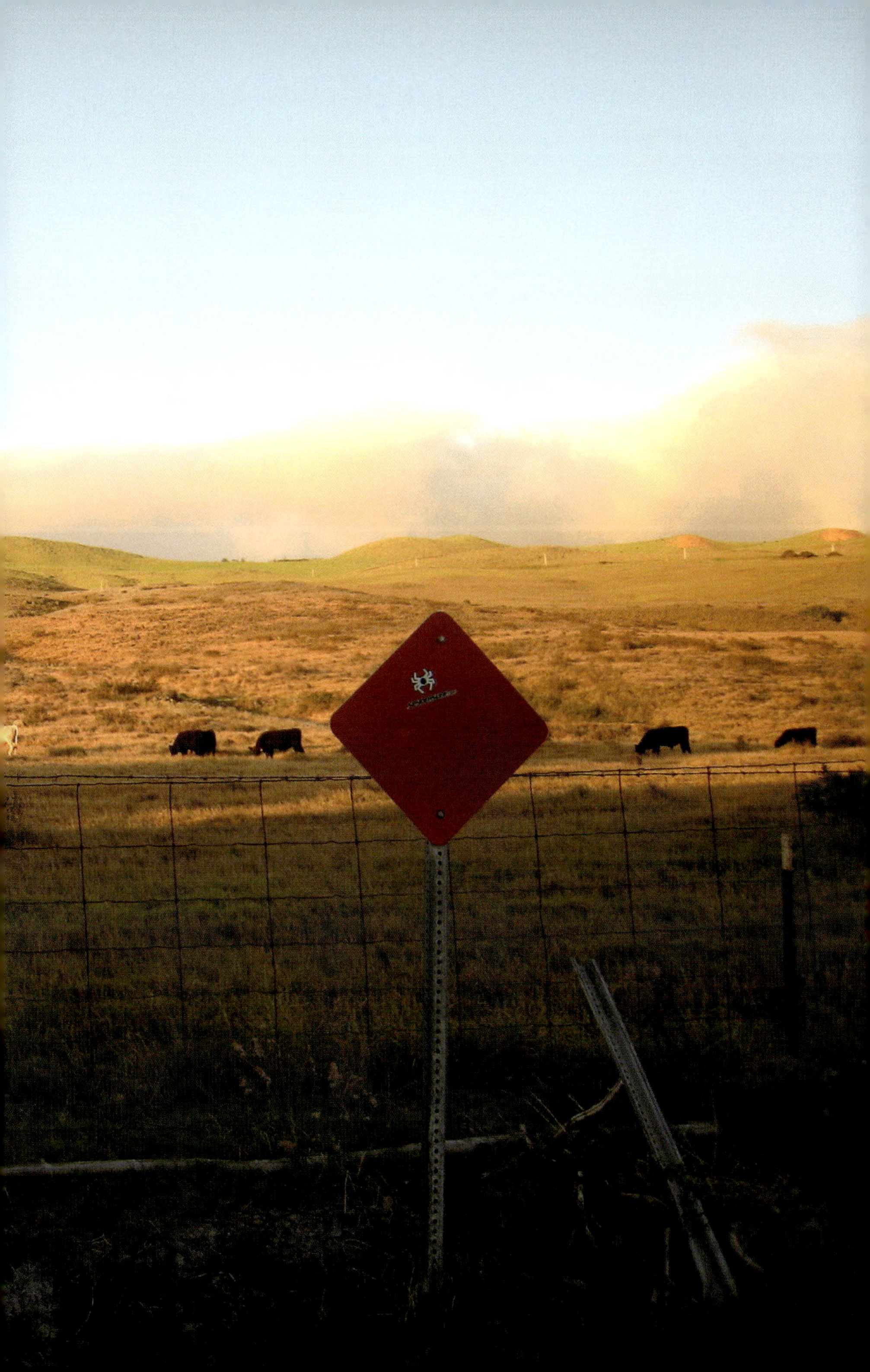

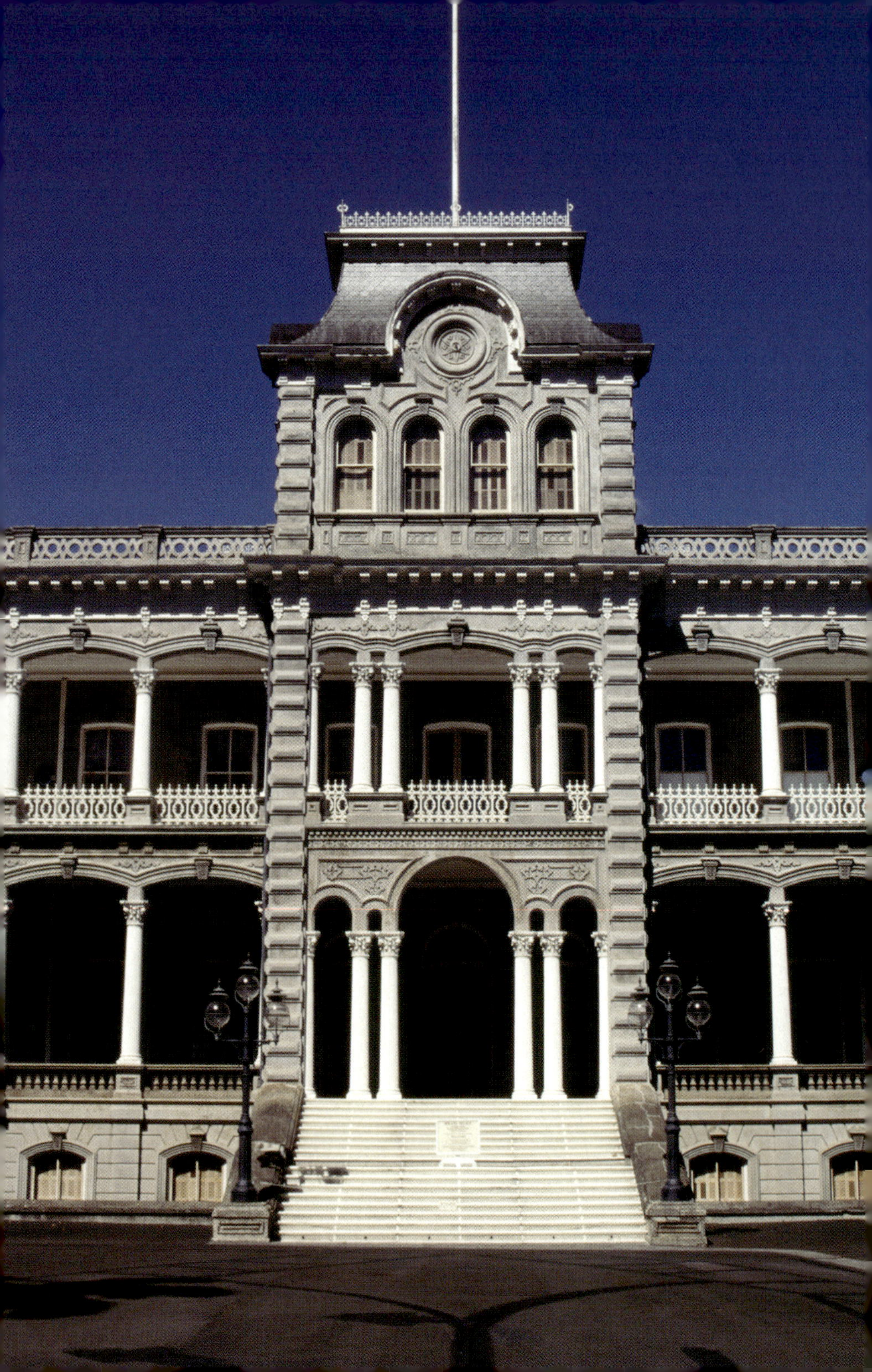

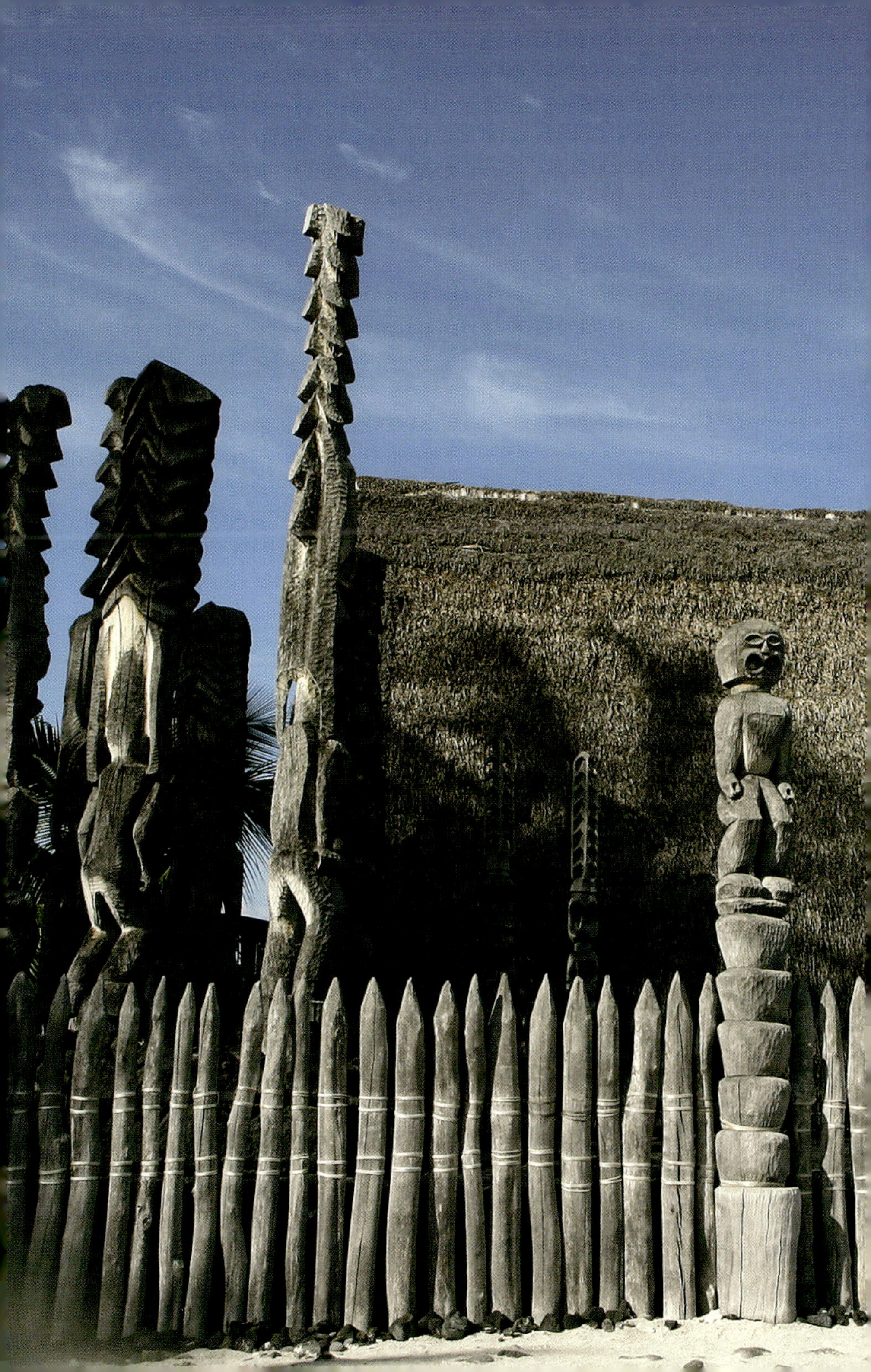

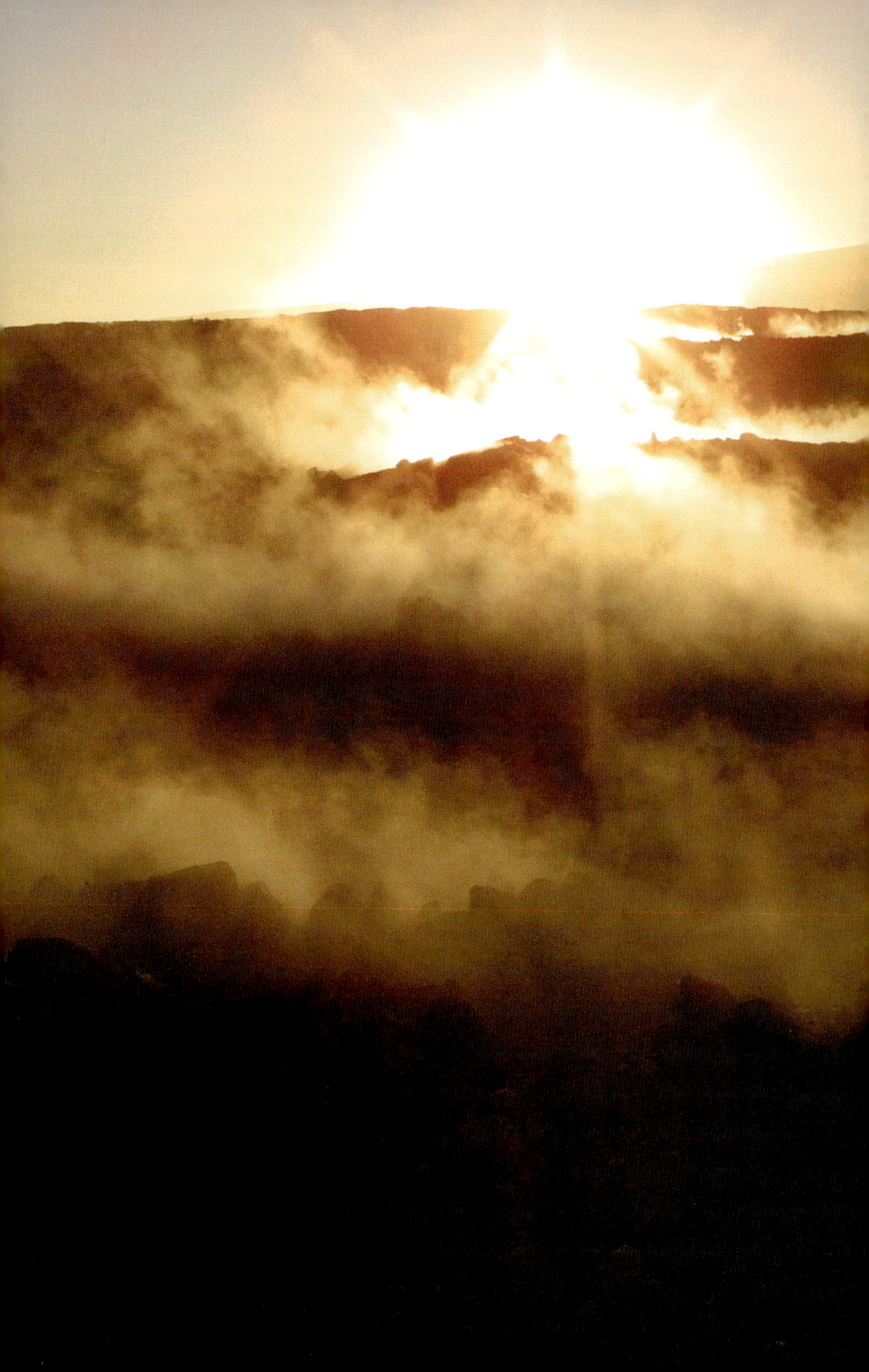

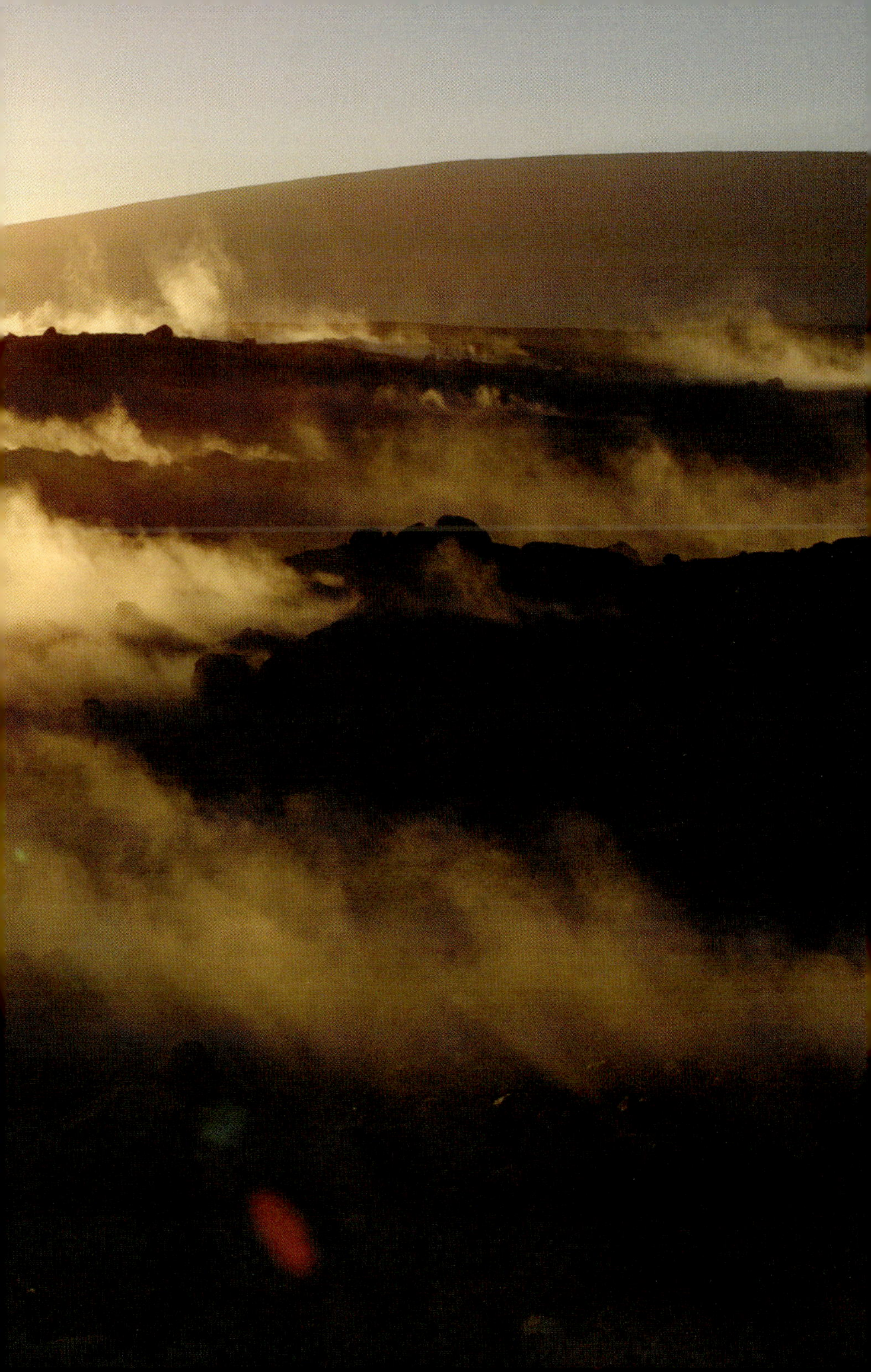

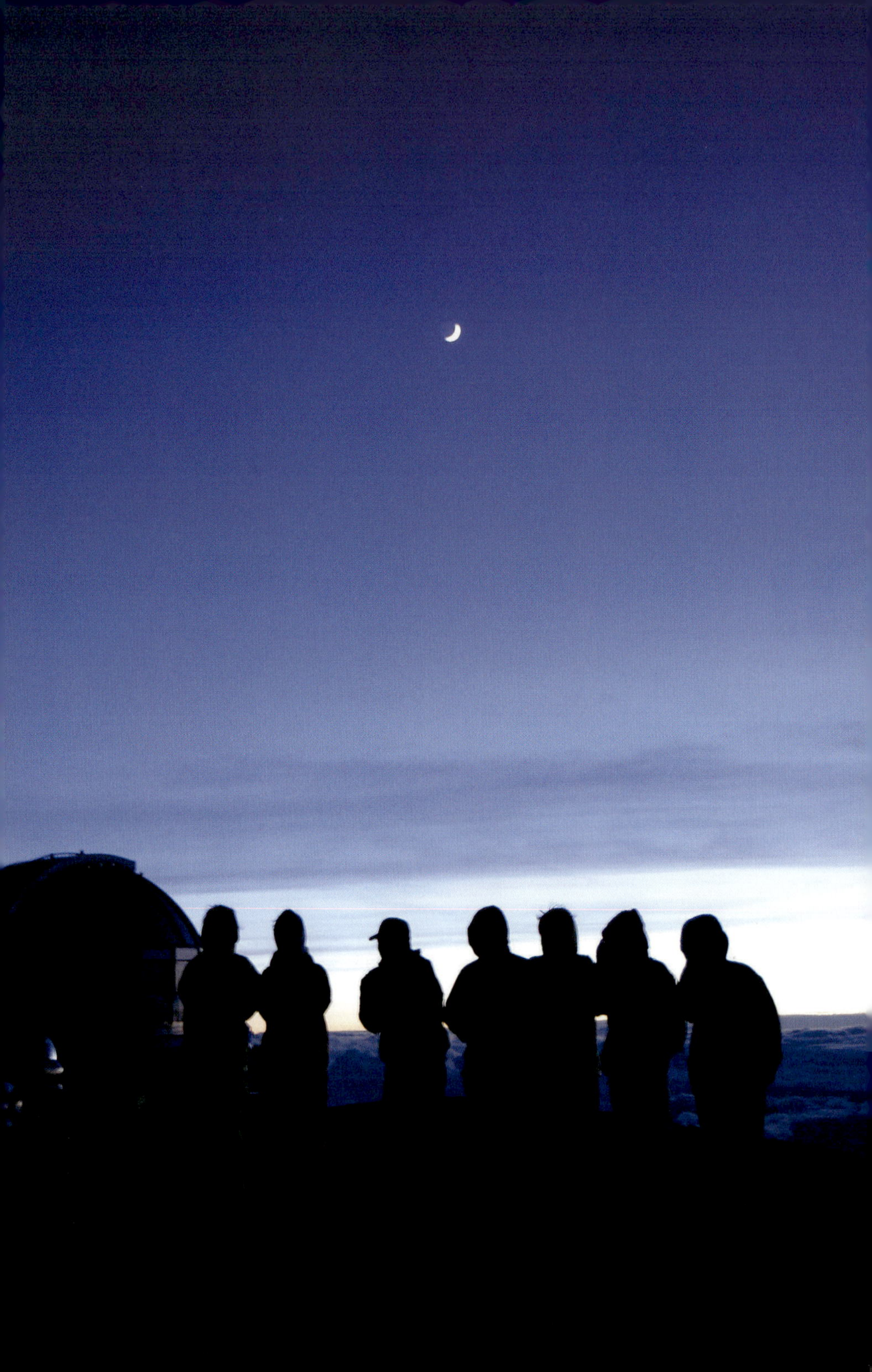

アロハ検定

発刊の辞

　多くの日本人にとってハワイは「憧れの地」です。海外旅行先として最も人気の高い観光地であるとともに、歴史や文化の面でも興味深い要素がたくさんある魅力的な島々です。さらには、素晴らしい自然や、そこで営まれるハワイならではのライフスタイルもあります。

　アロハ検定は、このようなハワイの魅力を知っていただくために必要な知識を、テキストブックやテスト形式で提供し、みなさんのスキルアップを図ってまいります。

　アロハ検定は、観光の枠を超えて、より深く幅広くハワイを知っていただき、日本とハワイの交流を活性化させたいと思います。また、テキストやテストを通じて、ハワイの文化・伝統・自然を保護するボランティア団体を応援し、日本とハワイとの架け橋になってまいります。

　検定の実施にあたっては、ひとつの課題がありました。それはかつてのハワイに文字がなく、明確な形での資料が残されていないということです。歴史を伝える手段はフラやチャントしかありませんでした。アロハ検定では、諸説ある歴史・文化の一見解を提供するという点をご理解ください。

　本テキストは、アロハ検定の受験を考えていらっしゃる方々に加え、ハワイに興味を持っていらっしゃる方々に、楽しみつつ、より深くハワイを知っていただくために作成いたしました。

　アロハ検定を通してさらにハワイの魅力が高まり、もっとハワイを楽しもうという方々が増えていくことを関係者一同、強く願っております。

アロハ検定協会（ALOHA KENTEI ASSOCIATION）

アロハ検定
INDEX

HAWAIIAN HISTORY

歴史・神話
- 026 『クムリポ』と創世神話
- 028 四大神
- 030 四大神以外の神々
- 032 ポリネシア人の誕生
- 034 ハワイを目指した人々
- 036 火の島の発見
- 038 ハワイ王朝史
- 046 キャプテン・クックと西欧文化の接触
- 048 ハワイアン・ルネサンス
- 049 ハワイ語のルーツ

HAWAIIAN NATURE

自然
- 056 6つのIsland〜ハワイ州概論〜
- 058 カウアイ島
- 060 オアフ島
- 062 モロカイ島
- 064 ラナイ島
- 066 マウイ島
- 068 ハワイ島
- 070 ハワイ諸島の誕生
- 071 大洋島と固有の自然
- 072 気候と気象
- 073 マウナ・ケアと天文台
- 074 火山と溶岩
- 075 溶岩の特徴
- 076 水を巡る自然
- 078 地形と地質
- 080 ハワイの景観を形づくる樹木
- 082 その他の植物
- 084 果実とナッツ
- 086 鳥の世界
- 088 サンゴ礁の魚
- 090 ハワイモンクアザラシ
- 091 アオウミガメ
- 092 ザトウクジラ
- 093 サメ信仰

HAWAIIAN SPIRIT

伝統文化

098	レイ
100	ハワイアンキルト
102	ハワイアン・ジュエリー
103	ラウハラ
104	ハワイアンシャツ
106	アフプア・ア
108	フィッシュ・ポンド（ロコ・イア）
109	ペトログリフ（キ・イ・ポーハク）
110	フラ
111	ハーラウ（フラの習得）
112	フラの祭壇
113	祈りの言葉（オリ）と歌（メレ）
115	フラの女神
116	ヘイアウ
118	カプ
119	マナ
120	カヌー文化とホクレア
122	ハワイを訪れた作家たち
124	宣教師と白人移民
125	サトウキビ産業と最初の労働者たち
126	日本人移民
129	沖縄移民

伝統音楽

132	ハワイの音楽
133	ハワイ王朝と西洋音楽
134	ハワイの伝統楽器
136	ハワイの弦楽器
137	ハパ・ハオレ
138	ギャビー・パヒヌイ
139	ハワイアン・コンテンポラリー、アイランドミュージック
140	1980年代以降のハワイアンミュージック
142	音楽賞
143	レーベル、イベント

食文化・伝統的生活

146	古代ハワイの食生活
148	カロ（タロイモ）
149	ポイ
150	海の恵み
151	ワイルド・ハンティング
152	移民文化が生んだ食生活
153	ハワイの農業
154	伝統的生活
156	暮らしの習慣
158	冠婚葬祭
160	季節の行事

HAWAIIAN LIFESTYLE

基本情報

166	アメリカ合衆国ハワイ州
168	ハワイ州の主要都市
169	ハワイの州旗

観光	170	気候
	172	通貨&チップ
	174	交通
	176	ハワイでの生活
	178	イメージを彩る花、木、動物たち
	180	アロハスピリット
	181	観光の歴史
	184	観光スポット
	187	ネイバーアイランドの魅力
	188	ワイキキ　入植時代
	189	ハワイ王朝とワイキキ
	191	ビショップ財団
	192	土地の改良
	193	ホノルル・ストーリー
	194	ホノルル史跡散歩
	198	チャイナタウン
	200	ダイヤモンドヘッドのある風景
	201	日本人旅行者の推移
	202	ワイキキ老舗ホテル
	204	変化する旅スタイル
レストラン・ショッピング	208	ハワイアン・リージョナル・キュイジーヌ
	210	ハレ・アイナ賞
	211	B級グルメ
	218	ABCストア
スポーツ	220	ヘエナル
	221	サーフィン復興
	222	デューク・カハナモク
	224	エディ・アイカウ
	226	トリプル・クラウン・オブ・サーフィン
	227	アウトリガーカヌー
	228	トレイル
	231	ホノルルマラソン
	232	スポーツ全般
癒し・アート	236	古代の癒し
	237	医療・呪術
	239	海の癒し
	240	アートの島
	241	主な文化施設

Coffee Break	130	ハワイの怪談
	144	プカ・シェル
	206	虹のハワイ
	234	ハワイのお寺

244	ハワイの主な年間行事
250	ハワイのことをもっと知るための**おすすめ書籍**
252	ハワイ語 INDEX

凡例

*ハワイ語の単語は、本文中では一般読者に読みやすくするため、カタカナ表記のみとした。その際、長母音（カハコー付きの母音）は音引（ー）で表記した。声門閉鎖音（オキナ）は語の中にあるときは「・」で表記するが、語頭に来る場合は「・」の表記をしていない。例えば、「ahupua'a」は「アフプア・ア」とするが、「'ukulele」は「ウクレレ」と表記した。また、「Haleiwa」は現地での一般的な発音が「ハレイワ」ではなく「ハレイヴァ」なのでこれに従ったが、すべての濁音を採用したわけではない。なお、巻末にカタカナ表記と原語を併記し、該当ページを付けて索引がわりとしてある。

*日本でよく知られている人名や地名などについては、本来の発音と異なっている場合でも、広く支持されている表記を優先した。例えば、「Waikīkī」は「ワイキーキー」ではなく「ワイキキ」、「Lāna'i」は「ラーナ・イ」ではなく、「ラナイ」と表記した。「ハワイ」は最も重要度の高い単語だが、「ハヴァイ・（イ）、ハワイ・（イ）」ではなく、日本で親しまれている「ハワイ」に統一した。

*時代や身分、地域などによって複数の表現を持つ単語もある。ここでは代表的と思われるものを用いたが、それ以外にも候補がある場合もある。同様に、神話、伝承、歴史、歌詞（メレ）などについても、複数の説がある。本書ではそのなかの代表的と思われる説を採用した。

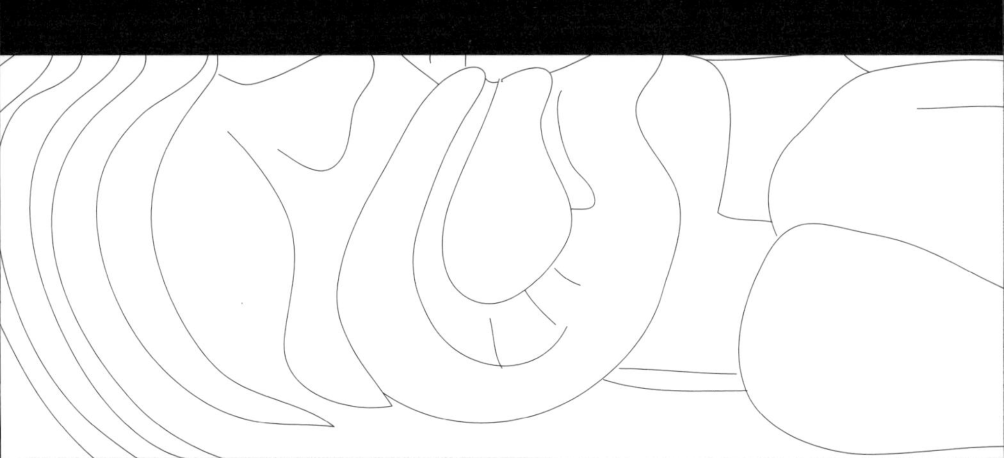

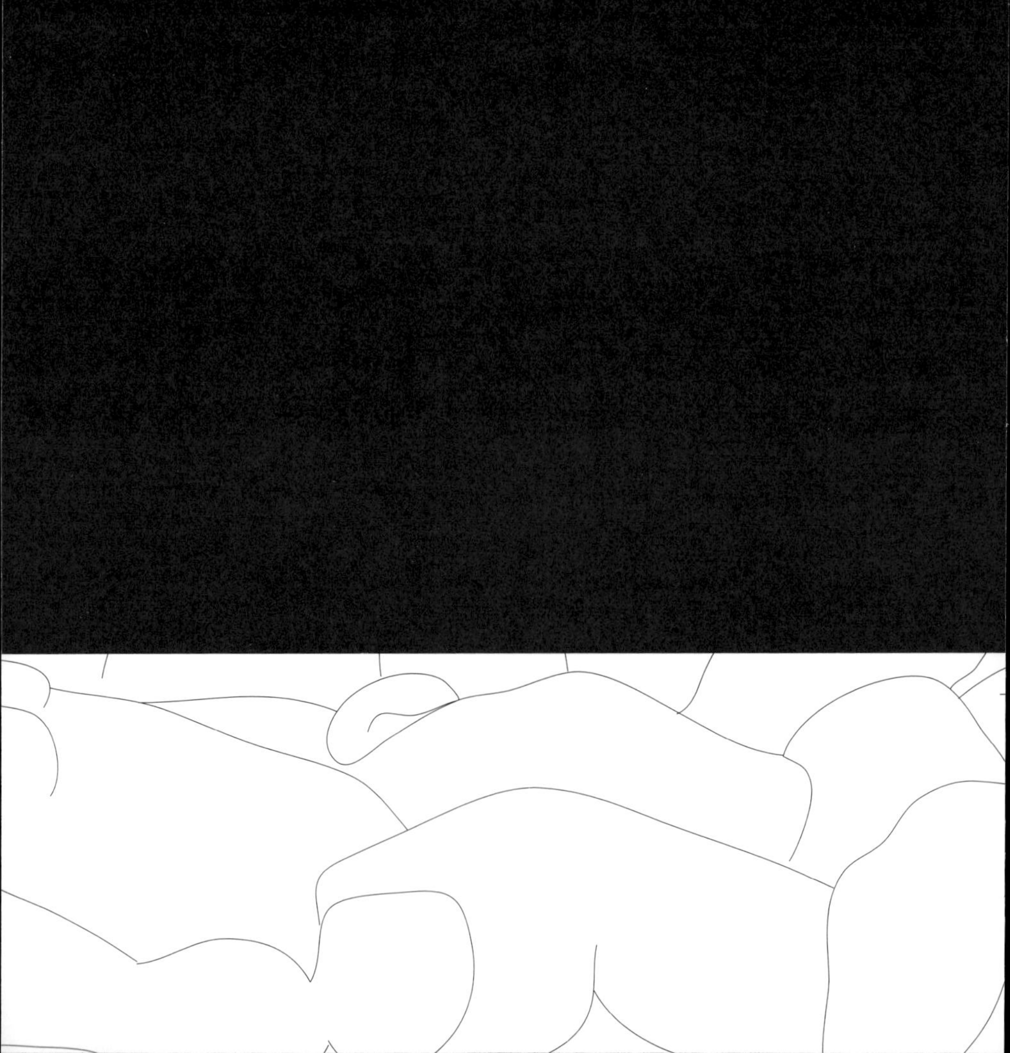

歴史・神話

ハワイの創世神話として
知られている物語は？

『クムリポ』と創世神話

　ハワイを含むポリネシアの島々に共通の神は絶対唯一のものではなく、森羅万象に存在した。ハワイの神々は英語の「ゴッド（God）」とは少し意味合いが異なり、時と場所と目的によってさまざまな神が存在する。彼らの神は「精霊（spirit）」に近く、ハワイ語では「ウハネ」「アクア」「ワイルア」などがこれにあたる。また、死んだ人間は「アウマクア（あるいはアクア）」となり、遺骨には「霊的な力」を意味するマナが宿ると信じられた。

　ハワイの神々は、すべての人々に影響力を行使する上位の神と、特定の職業やグループに関わる神、個人や家族に関わる神など、いくつかの階層に分けることができる。ハワイの宗教はタヒチやマルケサス（マルキーズ）などの宗教観を色濃く反映しており、地理的な隔絶を乗り越えて基本的な宗教観をポリネシア社会全体で共有している。

　ハワイの創世神話は『クムリポ』に集約されている。『クムリポ』とはハワイ語で「起源」を意味する。王家が代々口承で伝えてきた叙事詩だが、門外不出とされていた。1889年、第7代のカラーカウア王がこれを公開し、大きな関心を呼んだ[*1]。カラーカウアから『クムリポ』の手稿を見せられたドイツ人の人類学者で神学者のアドルフ・バスティアンがこれをドイツ語に訳して公開したところ、ドイツ社会を通じてヨーロッパ中に広まった。当時欧州ではダーウィンの進化論が論争を引き起こしていたが、『クムリポ』の進化論的な物語はこのような背景もあって大きな関心を呼んだものと思われる。このときバスティアンが『クムリポ』に関して書いた論文には、比較文献として日本書紀の神代の箇所も含まれていた。

　『クムリポ』の2000行を超える物語は、16の章に分かれている。前半7章は「闇の世界」で、宇宙の誕生から海での生命の出現を描き、やがて生物は進化して地上に植物が進出するという道筋をたどる。『クムリポ』が果たして純粋にハワイ文化の結晶なのか、あるいは欧米文化の味付けがなされているのかは定かでないが、

ハワイにおける唯一無二の歴史書として重要な資料であることは間違いない。

　ハワイ神話の基本は他のポリネシアの島々と変わらないが、文字を持たない文化が今日にいたるまで詳細に引き継がれているのは、西欧人がハワイに入植した直後から徹底した取材を行なった結果だといえるだろう。反面、西欧人の宗教観、倫理観が多かれ少なかれこれらの神話に混入し、本来あったはずの物語とは微妙に異なるという問題もはらんでいる。

*1　カラーカウアはハワイ語でクムリポを公表したが、彼の死後、妹のリリ・ウオカラニ女王は退位後の1897年にこれを英訳した。

叙事詩『クムリポ』

森羅万象に存在したハワイの神々とは？

🌴 四大神

　ポリネシアではカナロア、カーネ、クー、ロノの四大神が崇められてきたが、マルケサスやタヒチから訪れた人々はこれを継承した。しかし、ハワイの歴史のなかで変質した神もいる。ポリネシアの他の島では創世の神であるカナロアが最高位である場合が多いが、ハワイではカーネと同一視されたり、ネガティブな存在にその地位を落としたりした。今日に残る創世神話では、神々はポー（夜、黄泉（よみ））から現われ、この世の最上層をカーネが、最下層をロノが、その中間をクーが司ったとされる。カーネの地位が最も高く、次いでクー、最後にロノの順に崇拝されたようだ。四大神と直接対話ができるのは王や首長のみで、高位の祭司（カフナ）がこれを仲介した。

■クー

　クーは戦いの神として知られる。クーは祈願の内容によって、その名称や外観、神像の大きさなどが異なった。戦いの祈願をするときはクー・カイリモクに、鳥を撃つ猟師はクー・フル・フルマヌに、漁師はクー・ウラ（赤いクー）にと、それぞれの目的に応じたクーが存在した（*1）。クー・ウラの妻であるヒナ・ヘレは、男性の生殖能力や日の出を象徴した。

　クーは神話の世界ではカーネと同列か、それより下位に属する神として描かれるが、18世紀のハワイではロノやカーネよりも高位の神として祀られていた可能性がある。キャプテン・クックがハワイ島に上陸したとき、彼はロノと間違えられるが（*2）、招かれたヘイアウ（神殿）では、ひざまずいてクーへ祈りを捧げるように求められた。

クーの彫像

■カーネ

　カーネは創造の神として知られる。人間を創造してその祖先となったほか、太陽や水など、森羅万象を司った。カーネもまた、カーネ・ホアラニ（天界の神）、カーネ・ルル・ホヌア（土地の神）、カーネ・ホロパリ（雨の神）、カーネ・ポハク（石の神）など、多くの名が与えられている。カーネは太陽神として、月の女神ヒナを妻としたという説がある。ちなみに、カーネ・ミロハイは火の女神ペレや、フラの女神ラカの父であり、天地を創造したとされる。カーネには「男性」という意味もあり、妻は夫だけでなく、夫の兄弟もカーネと呼んだ。

■カナロア

　カナロアはポリネシアの島々でタンガロアなどと呼ばれる最高位の神として知られる。タンガロアは当初、神々のひとりにすぎず、特別の存在ではなかったが海を司ったので、海洋民にとっては次第に重要な存在となっていった。やがて、タンガロアは妻のヒナ（*3）とともにポリネシアのすべての神々を創造する存在となり、伝説のなかには、自分の体をちぎって世界を創造したというものもある。

　カナロアは当初、ハワイでも万物の創造主として崇められたが、やがてタコの化身となったり、黄泉の国を司る存在となったりした。18世紀末以降にキリスト教が広まると、いつしか、サタン（悪魔）と見なされるようにもなった。

■ロノ

　ロノは豊饒の神として知られる。毎年ハワイの新年にあたる11月から数カ月にわたって行なわれる収穫祭（マカヒキ）では、もっとも重要な神となる。ポリネシアの神々への信仰には、ときに人を捧げる儀式（人身御供）を伴うが、ロノだけは人身御供を禁じられた。ロノもまた、ロノ・マーカイ（戦いの神）、ロノ・イ・カ・マカヒキ（豊饒の神）など、さまざまな名を与えられた。

*1　ハワイを含むポリネシアでは赤や黄色は聖なる色とされた。
*2　アリイ（首長）、もしくはカフナ（祭司）が意図的にそのような待遇をしたとも考えられる。
*3　ヒナについては四大神それぞれに、彼女が妻であったという説がある。

火の神ペレの夫は誰？

四大神以外の神々

　マウイ島では300年ほど前まで、またハワイ島では現在も活発な火山活動が続いている。ハワイ諸島に移住した人々は、ときおり起こる噴火を神の業と信じ、恐れた。火山や噴火を意味するハワイ語はペレというが、やがてペレは、火山を司る女神そのものとなり、人々の畏怖の対象となった。ハワイに数多く残る神話の中心にペレが登場するのは、ハワイの自然災害を反映させたものといえるだろう。四大神を除くなら、ペレはハワイに最もポピュラーな神として人々の暮らしのなかに根づいていった。

■ペレ：火山を司る半神の女神。カマプア・アを夫としたこともあった。嫉妬心が強く、いさかいの絶えない神でもあった。最後には姉に殺され、キラウエアのハレマウマウ・クレーターに霊となって住んだ。

■ポリアフ：マウナ・ケアに住む雪の女神。キラウエアに住む火の女神ペレは何度かポリアフに戦いを挑んだが、ことごとく撃退された。

ペレ

■マ（ー）ウイ：太陽を捕まえたことでポリネシアに広く知られる。火を熾し、天を持ち上げ、海中から島を釣り上げるなど多くの武勇伝がある。女神ヒナの息子とされる。

■カマプア・ア：男性神。火の女神ペレの夫だったこともある。日頃は美しい人間の男性の姿をしているが、怒ると8個の目を持つ豚に変身する。妻ペレとの壮絶な夫婦喧嘩で敗色濃厚となったときは、フムフムヌクヌクアプアアという魚に変身して海へ逃れた。

■カーモホアリ・イ：サメの神で、ハウメアとカーネ・ミロハイとの息子。カーモホアリ・イの息子であるナナウエは成長するとサメとしての本能が戻って人を殺め、マウ

イ島やカホオラヴェ島へ逃亡したのち、殺される。

■ナ（ー）マカオカハイ：海の女神。火の女神ペレの姉。彼女の夫が妹のペレと浮気をしたため、激怒してペレを襲い殺してしまう。

■ワーケアとパパ：ワーケアは天を司る神で、妻パパは大地の女神。ふたりの間に授かったハーロアは死産だったため埋葬したが、その体からはカロ（タロイモ）が芽を出した。2番目の子もハーロアと呼ばれた。彼が人間の祖先となったため、カロと人は兄弟とされた。ワーケアは月の女神ヒナの間にも子をつくった。

■ヒナ：多産の女神であり、カナロアやカーネ、クー、あるいはロノの妻ともされる。また、半神マウイの母としても知られる。

■ハウメア：豊饒の女神であり、安産の女神でもある（*1）。夫はカーネ・ミロハイ（*2）。ペレ、カーモホアリ・イ（サメの神）、カポ（フラの女神のひとり）、ヒイアカ（フラの女神のひとり）、ケーウア・ア・ケ・ポー（火の雨を司る神）、カーポホイカヒオラ（火山噴火を司る神）、カーネ・ヘキリ（雷神）などの子がいる。

■アウマクア：先祖の神。高貴な者、賢い者、そして死者には強いマナが宿るとされた。人は死ぬと精霊（spirit）となって子孫の平和を見守るといわれる。アウマクアは、サメ、石、ネズミなど、森羅万象のさまざまなものに姿を変えた。

■メネフネ：伝説によれば背の低い人々。彼らは住民が寝静まった夜のうちに、フィッシュ・ポンドや用水路、ヘイアウなどを造り上げてしまうとされた。これとは別に、最初に定着したマルケサスからやって来た人々を意味するという説もある。後から定住した何倍もの数のタヒチ系ポリネシア人に比べて人数や体格で劣り、少数民族が転じて小人伝説となったといわれる。

*1　ハウメアとパパは同一の神であるとの説もある。
*2　夫はカーネ・ホオラニとの説もある。

ポリネシア人はいつハワイに住んだか?

🌴 ポリネシア人の誕生

　先住ハワイ人の祖先であるポリネシア人は、いつ、どのような形でハワイ諸島に住みはじめたのだろうか。ポリネシアとはハワイ諸島を頂点に、アオテアロア（ニュージーランド）、ラパ・ヌイ（イースター）を底辺とする巨大な三角形に点在する島々の総称で、「たくさんの島」という意味がある。

　過去、地球上には4回氷河期が訪れた。最後の氷河期であるヴュルム氷期は今から約7万年前から1万3000年前頃までにあたり、その間地球の海表面は今よりずっと低く、現在数10メートルの海底に沈んでいる地形が海上に顔を出していた。東南アジアのインドシナ半島やマレー半島からインドネシアのジャワ島やスマトラ島あるいはボルネオ島にかけて大きな陸地、スンダランドが形成された。

　一方、オセアニアのオーストラリア大陸とニューギニア島も繋がってひとつの大陸サフル大陸を形成した。スンダランドとサフル大陸の間には深い海峡があるため、両者は陸続きにはならなかった。しかし、オーストラリアやニューギニアの最古の遺跡は5～6万年前に遡ることが知られているので、この時代、スンダランド方面から海を渡った人類がいたことは疑いない。

　やがて氷河期が終わり温暖化すると海面が上昇し、スンダランドは海底に沈み、現在のような地形が形成された。そして今から5000年ないし6000年前に中国南部から台湾付近にかけて海で生計を立て、さかんに交易をする人々が生まれてきた。彼らはおそらく各方面で交易をするために共通言語を作り上げた。また、物資をやりとりすることで、文化の一部を共有することもあった。彼らは広範囲で通用する言語や文化を獲得しつつ商圏の拡大を目指し、次々と新しい島を訪れていった。

　オーストロネシア語と名づけられたこの共通言語は、メラネシア、ミクロネシアをはじめ北はフィリピンや台湾、さらにベトナムの一部、そして西はマダガスカル島にいたる広大な範囲に広がった。この言語集団は、陸地に定住する人々とは異なる風俗習慣を身につけながら独自の文化を獲得していった。彼らはおそらくさらなる交

易圏を求めて南下をつづけ、フィリピンやインドネシアの島々を通り、やがてニューギニア島の北方洋上に浮かぶ島々に達した。

　この人々はさらに交易の場を求めて東へ移動し、ニューブリテン島をはじめとするビスマルク諸島やソロモン諸島、そしてバヌアツやニューカレドニア島にも到達し、最終的にはフィジーを通って、ポリネシア西部のトンガとサモア諸島に至った。このとき花開いた土器を持つ文化はラピタと名づけられ、メラネシアを中心に紀元前1300年から紀元前500年頃まで栄えた。人骨の発見は未だ多くはないが、この集団がハワイをはじめとするポリネシア人の祖先にあたると考える研究者は多い。

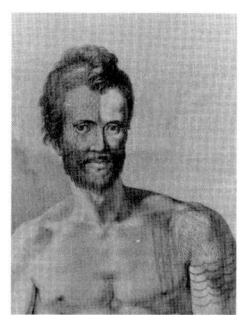

ポリネシア人

ハワイ諸島はどのように発見されたか？

🌴 ハワイを目指した人々

　ポリネシア人の祖先たちは紀元500年頃から再び東進を開始し、クック諸島を経由してソサイエティ（ソシエテ）諸島や北東のマルケサス諸島へと進んだ。ここを基点にしばらく停滞があったが、やがて南のマンガレヴァ島周辺やイースター島に達し、北はハワイ諸島へ達したと考えられている。

　マルケサス諸島からハワイ諸島へ最初の移住が行なわれたのは紀元500年から800年の間とされ、その後、紀元1000年から1300年頃、タヒチを中心とするソサイエティ諸島より二次的な移住が行なわれた可能性がある。彼らは優れた長距離航海術をもつ海洋民族だったが、マルケサス諸島からは3500km、タヒチからは4400kmも離れたハワイ諸島をどのように発見し、移動したのだろうか。

　ポリネシアの島々にはハヴァイキと呼ばれる、アイデンティティともいうべき存在があった。ハヴァイキには「精霊の帰る地」「祖先の地」という意味があり、ポリネシアの島々が共通の故郷を持つことを教えてくれる。

　ポリネシア人は星を利用した天文航法（スター・ナビゲーション）に長けていたと言われる。北極星や南十字星の果たす役割を認識していたので、自分たちがどこにいるかということを確認できたのだ。正確には潮の流れや風、雲、月など、さまざまな自然現象から割り出す航法と言えるだろう。当時、航海士たちは独自の海図のようなものを利用していたことが知られている。木の枝や貝、石などを用い、自分たちの航路を地図のように表現したのだ。しかし、彼らの情報は、南はイースター島やニュージーランド、北はマルケサスの周辺までにすぎない。ハワイ諸島は存在そのものが知られていなかった。

　発見のヒントのひとつに渡り鳥があっただろう。マルケサス諸島では秋になると北から渡り鳥が飛来する。最初は数羽だけで、その後、数日をかけて次々に群れがやって来る。到来に時間差のあること、鳥たちが疲労していること、ときおり未知の植物の種子などが付着していることなどから、人々は鳥がかなりの距離を飛んでき

たことに気づいたはずだ。渡り鳥の飛来を通じて、北に陸地があることを知ったのだ。

　彼らがそれらの事実から北に島があることを確信したとしても、方位や距離の定かでない未知の島を目指すのはきわめて危険度の高い行為だったはずだ。彼らはなぜ冒険的な航海を行なったのか。その理由は定かではないが、たとえば自分たちの島に飢饉や干ばつが続き、増えすぎた人口を維持できなくなった結果、新天地が必要となったと考えることもできるし、伝染病が蔓延して島民が存亡の危機を迎えた可能性もある。あるいは戦に負け、自分たちの領土を譲り渡すことになった一族が死を賭して新天地を目指したということも考えられる。しかし、最も高い可能性は、彼らが生粋の海洋民族だったことではないだろうか。高度に発達した長距離航海術を背景に、ポリネシア社会には探検的精神が根づいていた可能性がある。彼らは不確かな情報であっても、それに挑戦する不屈の精神と技術を持ち合わせていたに違いない。

王を乗せたカヌーの一群

移住者がカヌーで運び込んだのは？

火の島の発見

　長距離航海で遭遇する最大のリスクは暴風雨による難破だろうが、寒さも大敵だった。カヌーには小さな小屋も造られたが、そこは老人や子ども、大事な積荷を保管するところで、船上の人たちは風雨に晒され続けた。ポリネシア人は海洋民族としての長い歴史を通じて体に脂肪を蓄えて巨体化し、体温低下を防いだという説もある。

　ところで、ハワイ諸島は実際にどのようにして発見されたのだろうか。彼らは長い航海の末(*1)、鳥たちの生息地と思われる海域まで行き着いたが、もちろん、正確な位置を割り出すことまではできなかっただろう。彼らは月や星を航路の目印にするスター・ナビゲーションに秀でていたが、新島探しの長距離航海では、およその距離と方角がわかるにすぎない。おそらくは数百kmから数千kmの範囲のどこかに島があるだろうという程度のものだった。彼らはそこからどのように島に接近したのだろうか。

　ヒントのひとつは、海流の変化の読み取りだ。当時のハワイ諸島、なかでもハワイ島とマウイ島は活発な火山活動を続けていた可能性が高く、溶岩で熱せられたりミネラル分が増えた潮流が、異なる色の帯を数百kmにわたって伸ばしていた可能性がある。目的地にさらに接近すると、大気のなかに火山ガスの臭いを感じたり、遠くに立ちのぼる噴煙を目視できるようになる。また、噴火が爆発性を帯びていればその音が数十km先に届いたり火山灰を降らせることもある。噴火活動は、夜に光を放ち、日中は火山の上空に雲を集めるので、そうした現象も島の発見に役立ったと考えられる。

　ポリネシア人たちは一度の航海でハワイ諸島を発見したのではないかもしれないが、このようなプロセスを経てハワイ諸島を発見したと考えられる。

　最初の移住者たちが小さなカヌーで運び込んだのは、食糧や薬、建材、衣服、染料など、多用途に利用できる20余の植物だった。伝統植物と呼ばれるそれらの

植物には次のようなものがある。

　ハウ、ミロ（アオイ科）、ノニ（アカネ科）、オヘ、コー（イネ科）、イプ（ウリ科）、カマニ（オトギリソウ科）、ワウケ、ウル（クワ科）、アヴァ（コショウ科）、アペ、カロ（サトイモ科）、アヴァプヒ・クアヒヴィ、オレナ（ショウガ科）、ピア（タシロイモ科）、ククイ（トウダイグサ科）、マイ・ア（バショウ科）、オヒア・アイ（フトモモ科）、アウフフ（マメ科）、コウ（ムラサキ科）、ニウ（ヤシ科）、ウヒ（ヤマノイモ科）、キー（リュウゼツラン科）

　移住した人たちは、故郷であるマルケサス諸島やタヒチの生活習慣をそのまま持ち込み、ハワイ諸島での集落作りや耕作、道具作りを始めたのだった。

*1　実験航海を行なった復元カヌーのホクレアは、第1回のタヒチまでの航海を33日間で成し遂げた。

火山の噴煙

ピリはどこの首長だった？

🌴 ハワイ王朝史

カメハメハ大王以前（古代王朝ウルとナナウル）

　8世紀頃のタヒチにウルとナナウルという王子がいた。伝承によれば、当時のタヒチは人口が膨れ上がり、島民は新世界を求めていたと言われる。王は息子たちを、北にあると言われた島へ向かわせた。ふたりは苦労の末にハワイ諸島を発見し、ウルはハワイ島とマウイ島を、ナナウルはオアフ島とモロカイ島、カウアイ島を治めた。ハワイ王朝の系譜はこのふたりに始まるとされる。

　ハワイ島のウル王朝は11世紀頃にサモアから移り住んだといわれるピリ王朝に制圧されるが、この系譜にあるとされる王朝はマウイ島では18世紀末のカヘキリまで続き、最後にカメハメハがこれを制圧する。カウアイ島のナナウルに端を発するとされる王朝は19世紀初頭のカウムアリイ王の時代まで続いたが、この島も最後にはカメハメハに政権を委譲した。

パーアオとピリ王朝

　伝承によると、11世紀頃にサモアの祭司であったパーアオはハワイ島に渡り、プナ地区にワハウラ・ヘイアウを建てた。当時、ハワイ島はウル王朝カパワの時代だったが、暴君だったために人々は苦しんでいた。助けを求められたパーアオは島中の権力者たちに協力を求め、大軍を組織してカパワを倒した。人々はパーアオにアリイ・ヌイ（大首長）となるよう求めるが、彼はこれを固辞し、代わりにサモアの首長だったピリを招いてアリイ・ヌイとした。ピリはハワイ第3の王朝の祖となる。パーアオは島の北にモオキニ・ヘイアウを造り、カフナ・ヌイとして祭事を司った。(*1)

　ピリ王朝は、リロア、ウミ、さらに下って22代目にはカメハメハを輩出する。パーアオが最初に造ったワハウラ・ヘイアウは、ハワイにおける最初のルアキニ・ヘイアウだった。これはいけにえを求めるヘイアウで、以後、ハワイの宗教はきわめて厳格なものとなっていった。

*1　このヘイアウはいまもモオキニの一族によって守られている。

モイケハ

　伝承によると、13世紀頃、オアフ島にモイケハとオロパナという兄弟がいた。当時、すでに長距離航海は廃れはじめていたが、ふたりは仲間たちと、甥のラアを引き連れ、タヒチへ向かおうとした。彼らは途中でハワイ島のワイピオに立ち寄ると、ここを気に入って暮らしはじめた。ある年、ワイピオで大規模な飢饉が起き、彼らは本来の目的を達するために再びタヒチへと向かった。

　オロパナは当地で出世して首長となるが、モイケハは弟と対立したため、伝説の航海士であるカマフアレレとラアマオマオを引き連れ、ハワイに戻った。彼らがカウアイ島に上陸したとき、ちょうどカヌーレースが行なわれていた。大会は、首長のプナが娘のホオイポの結婚相手を選ぶためのものだった。飛び入り参加したモイケハは勝利して王女と結ばれ、やがてカウアイのアリイ・ヌイとなった。

ラア・マイ・カヒキ

　カウアイ島に安定した政権を築き、子どもたちもしっかり成長すると、モイケハはタヒチに残したオロパナとラアのことが気になった。そこで息子のキラをタヒチへ赴かせる。オロパナを訪ねると、彼はまだ健在で、ラアも成長してアリイとなっていた。キラはここに腰を落ち着けてオロパナの最期を見届けたあと、ラアを連れてカウアイに戻った。このときラアがハワイに伝えたのが、パフ・フラと呼ばれるサメ皮のドラムで、後にフラの重要な楽器のひとつとなった。ラアは盛大に迎えられ、ここで3人の娘と結婚してカホオラヴェ島に住んだ。妻たちそれぞれに子どもが授かったあと、彼は再びタヒチへ戻り、彼の地でも子孫を残した。

カヘキリからカメハメハへ（新たな歴史の幕開け）

　1780年頃、ハワイ島とカウアイ島以外の島はマウイのアリイ・ヌイであったカヘ

キリによって支配され、ハワイ島はリロアの子孫であるカラニオープウが統治していた。カラニオープウとカヘキリは対立していたが、マウイ王室とハワイ王室とは血縁関係にあった。(*1)

1782年、カラニオープウが亡くなると王位は息子のキワラオに引き継がれた。ただし王家の守護神であるクー・カイリモクは、甥にあたるカメハメハに受け継がれた。キワラオとカメハメハはその後に対立し、戦いの末にカメハメハが実権を握った。

カメハメハはアリイ・ヌイとなったものの、彼の支配下にあるのはコナ地区だけで、カウ地区はアリイ・ヌイのケオウアが、ヒロはアリイ・ヌイのケアヴェが握っていた。マウイ島のカヘキリは混乱に乗じてハワイ島を征服しようと、もっともらしい噂を流して内乱を誘う。その結果、ケアヴェは滅ぼされるが、これに気づいたカメハメハはマウイ島に乗り込み、敵を掃討する。ところが、今度はケオウアが戦いの準備をしていると聞き、慌ててハワイ島に引き返した。このときケオウアの軍勢はキラウエア火山の近くを行軍していたが、突如の噴火で壊滅的な打撃を蒙ってしまう。この結果、カメハメハ軍は労せずして勝利を収めたのだった。その後、カメハメハは女神ペレを味方につけているとの評判が立った。

1794年、カヘキリが死去すると、カメハメハはマウイ島を攻撃し、カヘキリの跡を継いだカラニクプレの軍勢をオアフ島のヌアヌ・パリで撃破する。彼が島々を征服できた最大の要因は、誰よりも早くクックたちの英国海軍に接し、近代国家の戦術と武器を入手したことだろう。翌1795年、カメハメハはハワイ王朝の樹立を宣言する。

1796年、カメハメハは、まだ支配下になかったカウアイ島に1万5000人の軍勢を送ってアリイ・ヌイのカウムアリイを倒そうとするが、大嵐に見舞われ敗退する。改めて1803年にさら

カメハメハ

に勢力を増強した軍隊をオアフ島に送りこみ、そこからカウアイ島を攻略しようとするが、今度はハワイ諸島全域に蔓延したペストのせいで戦いを中断しなければならなかった。しかし、兵力の差は歴然としており、ほどなくカウムアリイは降伏を受け入れ、1810年、ハワイ諸島は完全に統一された。

*1　カラニオーブウの妻カローラはカヘキリの妹にあたる。

ハワイ諸島の完全統一

　カメハメハがハワイ諸島を制圧し、ハワイ王国の王となった背景には、白人との結びつきがある。彼は武力だけでなく知力にも優れ、いち早く最新の戦術や戦略の知識を吸収した。また、ビャクダン貿易で膨大な利益を上げ、得た資金で欧米の武器を買い上げて戦いに利用した。彼は欧米の優秀な人物を側近に重用し、つねに新しい情報を入手することも怠らなかった。

　初期の重要なブレーンにアイザック・デイビスとジョン・ヤングがいる。ふたりはカメハメハに武器の使用法を教えるなど、軍事顧問としてカメハメハを補佐した。また、ジェームス・クックとともに二度ハワイを訪れたジョージ・バンクーバーも、その後船長として何度もハワイを訪れ、カメハメハに政治指南をした。彼はハワイに農業や牧畜業を普及させようとさまざまな品種を持ち込み、第一次産業の発展にも寄与した。

　カメハメハは自らのカリスマ性を高めて支配を盤石なものとするため、さまざまな伝説も創り上げた。カメハメハの誕生が間近いあるとき、空に不吉な兆しを見たカフナたちは、当時アリイ・ヌイだったアラパイにこのことを伝えた。アラパイはこれを恐れ、赤子と、これから数年間に生まれる男児をすべて殺すように命じる。母のケクイアポイワはこれを逃れて山のなかの洞窟に潜み、カメハメハを産んだという。カメハメハという名には、「孤独な人」あるいは「静かな人」という意味がある。

　やがてアリイ・ヌイの赦しを得て王家の一員となったカメハメハはたくましく成長し、文武両面で頭角を現わすようになる。島にはナハと呼ばれる巨石があった。これを動かした者は天下を治め、動かせなかった者には死が待ち受けるというが、彼はこ

れを動かし、周囲に一目置かれたという。この他にも、コナに達しようとしていた溶岩の流れを止めたというような逸話がいくつも残されている。しかし、いずれも聖書や欧州に古くから伝わる民話を色濃く反映しており、伝説の裏にはカメハメハの顧問たちの知恵が見え隠れする。

　諸島を統一し、国民の信望を得たカメハメハだったが、その地位は決して安泰ではなかった。欧米の列強が虎視眈々とハワイの権益を狙っていたからだ。カメハメハは、英米やフランス、ドイツなどと巧妙に距離を置き、バランス外交に努めなければならなかった。

　ポリネシア人は一般に大柄だが、王家の一族は一般平民と比べてはるかに体格がよかった。成人したカメハメハは2mに近かったし、妻のひとりであるカアフマヌも180cm以上あったという。

カアフマヌの院政

　1819年にカメハメハ1世が死去すると、正妻であるケオプオラニとの息子リホリホが王位を継ぎ、カメハメハ2世となった。しかし息子の力量に不安を抱いていたカメハメハ大王は晩年、妻のひとりであるカアフマヌにカメハメハ2世を託した。

　カアフマヌはカメハメハ大王の死後、クヒナ・ヌイ（摂政）として、再び力をつけはじめた地方の豪族やカフナたちの台頭を防いで中央集権化を図った。カアフマヌはそのひとつとしてカプの廃止という前代未聞の政策を実行した。やがて、次々と訪れたキリスト教宣教師の名を借り、自らもキリスト教に帰依して、一挙に旧体制を潰したのだった。これを機に、ハワイは欧米的な価値観へと転換していった。

　1824年、妻とともにロンドンを訪れていたリホリホは、滞在中に麻疹に罹って死亡する。その結果、王権はまだ10歳だったカウイケアオウリに受け継がれ、カメハメハ3世となる。まだ幼い3世の補佐という立場ながら、1832年に亡くなるまで、カアフマヌの時代が続いた。

近代王国への脱却

　カアフマヌの死後、1世の妻のひとりだったカラクアの娘キナウがクヒナ・ヌイとなる。1840年、カメハメハ3世は立憲君主制にもとづくハワイ憲法を発布し、その後に議会を招集した。このとき、人材集めに多くの外国人を要職に就かせた。また、土地の個人所有を認める法律を公布した(*1)。土地は王家とかつてのアリイたちにのみ分配され、王家の土地はハワイ政府の管轄とされたが、数年後には一般個人の土地所有も条件付きで認められるようになった。これには外国人も含まれた。土地は貸し与えられるものという伝統文化の、根本的な転換だった。しかし、こうした変革が、やがて王国の基盤を揺るがすものとなることは知るよしもなかった。

　その後、列強の圧力がじわじわとハワイ王国を締めつけたが、3世はこれに耐え、ハワイ王国を世界に認知させるべく、各国に特使を送りつづけた。その努力が実り、1842年にはアメリカが、翌1843年にはイギリスとフランスが王国を承認し、ハワイ王国は少しずつその地位を固めていった。この頃、資源の尽きたビャクダンに代わり、捕鯨基地として港湾収益が王国の財政を支えた。彼は教育にも多大な貢献をし、文字を持たない民をまたたく間に世界有数の教育国家へと変え、1859年には義務教育が実施されるまでに至った。

　1855年に3世が亡くなると、摂政であったキナウの息子のうち、次男のアレクサンダー・リホリホが4世となる(*2)。4世の妻であるエマは、後にカラーカウアと王位を決定する選挙に立った。19世紀の半ばを過ぎると、捕鯨産業は斜陽の一途をたどり、ハワイはサトウキビをはじめとする農産業に大きく舵を切りはじめた。

　1863年に若くして4世が亡くなると、兄のロットが5世として即位した。彼は翌1864年に新憲法を発布して王権の強化を図る。5世も4世と同じく親英路線を敷いたため、アメリカ系の国民はこの頃から王国に対して干渉するようになった。5世は奇行もあったが、ハワイの行く末に深く憂慮し、フラをはじめとする伝統文化にも理解を示した。彼は、スコットランド人のシンクレア夫人にニイハウ島を売却したことでも知られる。

＊1　グレート・マヘレ（法）と呼ばれた。
＊2　アレグザンダー・リホリホは3世と養子縁組をしていたため、王位継承権が兄のロットより上だった。クヒナ・ヌイには妹のヴィクトリアを任命した。カメハメハ2世（リホリホ）と同名。

王国の衰弱

　1872年、5世は独身のままこの世を去る。彼は王位継承権をバーニス・パウアヒに譲ろうとしたが拒まれ、代わりの継承者を決める前に亡くなってしまった。そのため、第6代の王は選挙で決められ、ハワイ王族の古い血筋であるルナリロが選ばれた。このときの対抗馬は次の王となるカラーカウアだった。翌1873年に即位したルナリロは、それまで遠ざけがちだったアメリカに接近しつつ、限定的なものながら、普通選挙の実現などに力をふるった。しかし翌年に死去。再度の選挙は暴力事件まで起こる荒れたものとなった。この選挙に再び立ったカラーカウアは、対抗馬のエマ女王を抑えて当選した。

　1874年、カラーカウアは即位するなり、王位継承権を妹であるリリ・ウオカラニに与えた。彼はますます王国を圧倒する外国人勢力との戦いに明け暮れた。カラーカウアは欧米だけでなく、日本を含むアジア諸国を歴訪し、バランス外交によって王国の存続を図ろうとした。しかし、パールハーバーをアメリカ軍に使用させるという条約を締結したことで同国人の批判を浴びたため、再び内側に目を向けはじめる。彼はポリネシア連合構想を打ち立てたりもしたが、アメリカの反対にあって潰された。

　カラーカウアは日本の官約移民の実現に力をふるったり、日本の皇室とハワイ王室との縁組みを結ぼうとしたりするなど、日本との縁も深いが、とくに日本に重きを置いたというのではなく、大国と距離を置くための手段として行なわれたもののひとつにすぎなかった。

　カラーカウアは伝統の復活にも尽力し、フラの復活と育成をはじめ、ハワイの創世神話とされる『クムリポ』の公表、カメハメハ5世が構想した国歌の作曲など、多くの実績を残した。しかし、伝統文化への傾倒は白人社会に警戒を抱かせた。

1887年、武力をちらつかせたアメリカ人たちの圧力で憲法が改悪された。その後の選挙で王党派は再び力を回復したが、カラーカウア本人はアメリカで病に倒れ、亡くなった。

　1891年、最後の女王となったリリ・ウオカラニは、王位継承者に姪のカイウラニを指名した後、王政復古の動きをさらに進めた。1893年、彼女は議会を握るアメリカ人を排除しようとするが、利権を握るアメリカ人実業家たちと議員たちが反対したため、妥協案を飲まざるを得なかった。この結果に納得できなかったリリ・ウオカラニは一挙に国を掌握しようとするが、これに反発したアメリカ人たちは常駐していたアメリカ軍を出動させ、サンフォード・ドールを代表に立て、ハワイ暫定政府を樹立させた。暫定政府はリリ・ウオカラニを幽閉し、翌年1894年にハワイ共和国を宣言する。その後、1898年にアメリカ合衆国に併合されてハワイ王国は姿を消した。

カラーカウア　　　　　リリ・ウオカラニ

豊饒の神ロノに間違えられた人物は？

キャプテン・クックと西欧文化の接触

　西欧人として初めてハワイ諸島を訪れた英国のジェームス・クックを記念して、ハワイ島のケアラケクア湾にはモニュメントが建ち、初上陸したカウアイ島のワイメアには銅像が建てられている。これらはクックとハワイ諸島との深い関係を教えてくれる。

　ジェームス・クックは第3次世界周航の際、記録に残る最初の西欧人としてハワイを訪れた。彼は1778年1月18日にオアフ島、カウアイ島、ニイハウ島の順に島々を確認する。翌日、カウアイ島沿岸に停泊中、島民が大挙してカヌーで押し寄せ、船に上がって運べるものはなんでも持ち去ろうとした。このとき、島民はクック一行に釘を見せ、同じものが欲しいと訴えた。これは過去に近海を幾度となく航行していたスペイン船が、彼らと接触をした可能性を示すものだ。

　その翌日、リゾリューション号とディスカバリー号の2艘はワイメア湾に投錨。クックは部下たちとともにワイメアに上陸する。29日には短時間だが、ニイハウ島にも上陸している。クックは発見した島々にサンドイッチ諸島という名前をつけたあと、2月にハワイ諸島を離れてアラスカへ向かった。

　同年11月、一行は再びハワイ諸島を訪れる。船はマウイ島を経てハワイ島を北から時計回りに半周する。この間、何度も上陸地点を探すが、カヌーで訪れる島民たちとのトラブルが多く、断念する。

　翌1779年1月16日、2艘の船はケアラケクア湾に入港する。このとき何千というカヌーが現れ、船を囲んだ。クックは住民たちから「エロノ（オロノ）」と呼ばれ、最高の待遇で迎えられた。船が入港したとき、島

ハワイを訪れたキャプテン・クック

では年に一度のマカヒキ祭が執り行なわれていた。これは収穫を感謝して、豊饒の神であるロノに捧げる儀式だが、ハワイにはいつかロノがケアラケクアに戻ってくるという言い伝えがあった。ロノの船は十字に組まれた木が船上に据えられ、白い布を張った巨大な船であると考えられていた。クックたちは絶妙のタイミングでハワイ島を訪れたのだった(*1)。

　長旅で破損した船の修理や食糧の補充などが長引いたため、最初は歓迎ムード一色だった住民たちの態度は次第に悪化した。一方、クック側も頻発する盗難に苛立ちを深めていた。あるとき船にとってはきわめて重要なカッターボートを盗まれ、クックは堪忍袋の緒を切らす。そこで彼はアリイ・ヌイであるカラニオープウを捕らえ、ボートを返すまでの人質にしようとした。しかし、住民たちの怒りが爆発し、クックは海岸で殺害されてしまう。キャプテンを失うという大事件英国側は動揺した。彼らは見せしめのために集落のひとつを焼き討ちにするなどしたが、住民からクックの遺骨の一部を返却されたこともあり、双方が歩み寄って和解した。その後、英国軍は帰国の途についた。

　この接触を皮切りに、ハワイは世界という舞台に押し出されて、やがてハワイ王国が樹立した。

*1　ハワイ側が本当にクックを神と信じていたかということについては、政略説などを含め、異論もある。

ハワイ島のモニュメント　　カウアイ島の銅像

ハワイ語を話せる児童は何人いる?

ハワイアン・ルネサンス

　1960年代に起きたアメリカ本土の公民権運動に触発され、ハワイでも先住ハワイ人の権利と文化の復興を訴える運動が始まり、70年代に入って活発となった。さまざまな活動はハワイアン・ルネサンスと呼ばれる。過激な集団はすべての外国人はハワイを去れと呼びかけるが、大きな枠では、ハワイ文化の尊重という形で、ハワイ社会のなかに取り込まれていった。そのなかには公共の施設や書類や標識などへのハワイ語の併記や、フラやハワイ語など伝統文化の保護、あるいはハワイ文化の研究やイベントなどへのサポートという形で今日に至る。

　メリー・モナークを再出発点としたカヒコ・フラの発展は、ハワイアン・ルネサンス運動における象徴的な事柄だといえる。また、ハワイアンミュージックの世界では、ハワイ語の歌詞やチャント（詠唱）などがポップミュージックにも取り入れられるようになった。ハワイ語教育にも力を入れた結果、1983年の時点でハワイ語を操れる児童がわずか50名だったのに対し、2007年時点で2000名を超えて、さらに拡大している。農業の分野ではカロ水田（ロ・イ）やフィッシュ・ポンド、カヌー製作など、かつてのアフプア・ア文化を再現して伝統生活の重要性を体感する試みが各地で行なわれている。

「オキナ」「カハコー」って何？

ハワイ語のルーツ

　ハワイ人の祖先はマルケサスやタヒチをはじめとするポリネシアの島々から移住したため、ハワイ語はこれらの島々の言葉が源流にある。ハワイ語を言語学的に位置づけると、祖先はポリネシア祖語で、最初にトンガの言葉が分岐し、次にサモア語、その後にイースター島（ラパヌイ）、さらにタヒチ語やマオリ語のグループと、マルケサス語やマンガレヴァ語のグループに分岐したとされる。

　「タヒチ」という言葉は、ハワイ語では「カヒキ（Kahiki）」だが、タヒチ語では「タヒチ（Tahiti）」となる。同様に、「タロイモ」は「kalo」と「taro」、「タブー」は「kapu」と「tapu」となるが、「k」を「t」に、「l」を「r」にそれぞれ置き換えると同一になる。同じことが、「h」と「f」などについてもいえる。両島の言葉はわずかな変換作業を通すだけで、同一の単語となるものが多いのだ。同様に、サモア語の「s」「v」はおおよそハワイ語の「h」「w」に対応する。

　ポリネシアの島々に文字をもたらしたのはアルファベットを用いる欧米の国々だが(*1)、それぞれの島の言葉をアルファベットに置き換える際、彼らの理解の範囲、つまり、アルファベットで表現できる範囲で文字はつくられた。たとえばカメハメハ王朝の歴代の王は、署名をする際に、「Kamehameha」とも「Tamehameha」とも記している。カメハメハの「カ」の字の表記は「k」や「t」というアルファベットでは表記できない微妙な発音だった可能性があるということだ。タヒチ語の文字がハワイ語と同じ人物によって作成されたなら、両島の表記は現在よりも似通ったものになったかもしれない(*2)。ハワイ語には「'（オキナ）」と、母音の上につく長音記号「¯（カハコー）」があるが、これらの文字や記号がハワイに定着したのは、アルファベット表記が考案された100年以上後の20世紀中葉のことだ。

　「ハワイ」という言葉についても同じことがいえる「ハワイ」は、ポリネシア人たち共通の故郷である「ハヴァイキ」にちなんだものとされるが、サモアにはハヴァイキ伝説がない。その代わり、ここには「サヴァイイ（Savai'i）」と呼ばれる島がある。ハワイ

語のアルファベットの約束事を当てはめると、サヴァイイは「ハヴァイイ（Hawai'i）」となる(*3)。カメハメハ大王は王国の樹立にあたってハワイ島の名を優先したのだろうが、同時にサヴァイイの存在が念頭にあったのかもしれない。

ハワイ語は「a,e,i,o,u」の5つの母音と、「h,k,l,m,n,p,w」、それに「'（オキナ）」を含む8つの子音、さらに長母音を表わす「 ̄（カハコー）」で構成される。母音は単独でも用いられるが、子音は必ず母音を伴う(*4)。オキナもカハコーも、単語の意味を規定するために用いられるものなので、決して省略してはならない(*5)。「w」の発音については明確な文法上の規定がなく、ときに「v」と発音する場合もある(*6)。このほかにアクセントの位置など、いくつかの明確ではない約束事もある。

ハワイ語を含むポリネシア語の源流は、マレー半島周辺で用いられた言語で、周辺地域を船で回遊した海洋民の商用語のようなものだという説もある。この言葉はやがてポリネシア地域を含む太平洋一帯の言語に大きな影響を与えた(*7)。

言葉と文化

エスキモー語には「雪」を表わす言葉が日本語の何倍もある。このように、言語はその土地の文化を推測する大きな目安となる。ポリネシア諸国に文字の文化はなかったが、現存する言葉を分析することで、人々の暮らしがどのようなものと深く関わってきたのかを知ることができる。ココヤシを例に挙げるなら、単に植物としてココヤシを表現するときは「niu」だが、乾燥したココナツは「ōka'a」、葉の主脈は「nī'au」、釣り糸として用いられたココヤシの繊維は「poli」、葉の付け根の肉厚部分は「hā niu」というように、多くの単語を使い分けてきた。ココヤシがハワイの暮らしに深く関わってきたことを、このことから知ることができる。

*1 　ハワイ語の文法書を書いたのは、フランス生まれのドイツ詩人アデルベルト・フォン・シャミッソー。ちなみに、ポリネシアという言葉を作ったのはフランス人のシャルル・ド・ブロス。
*2 　カウアイ島など、一部地域では当初「t」や「r」の表記が用いられた。
*3 　「'（オキナ）」の次の「イ」は手前の「イ」の音を発音し、瞬間的に息を止め、そのあとに軽く発する音。はっきり「イ」と発音するわけではない。
*4 　たとえば「プレ（祈り）」は英語の「pray」を語源とするが、綴りは「pule」となる。

*5　一例を挙げると、「kao」という単語は「（魚を突く）ヤス」という意味で、「kāo」は「〜のひとつ」、「kāō」は「混んでいる」、「ka'o」は「乾燥した」という意味になる。
*6　「Waikīkī」の発音は「ワイキキ（ワイキーキー）」だが、ノースショアにある「Haleiwa」の発音は「ハレイヴァ」となる。
*7　カラーカウア王が諸国漫遊の旅でマレーを訪れたとき、当地の言葉にハワイ語と似たものが多いと知って驚いている。たとえば「目」という言葉は、マレー語やタヒチ語、フィジー語、トンガ語では「mata」で、ハワイ語では「maka」となり、「魚」はマレー語では「ikan」、フィジー語やトンガ語では「ika」、タヒチ語やハワイ語では「i'a」となる。

ハワイ語

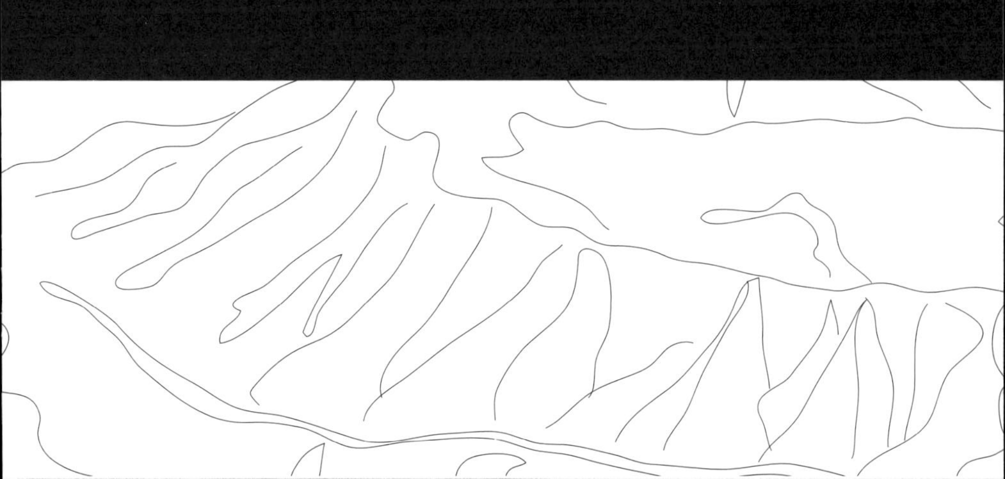

自然

ISLANDS OF HAWAI'I

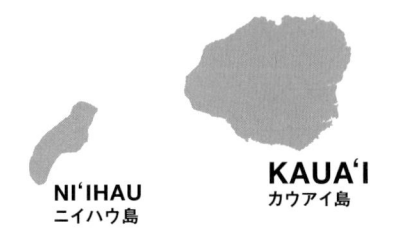

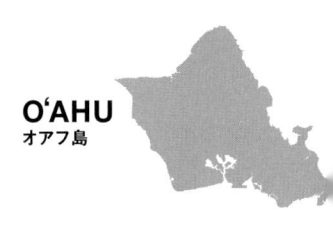

NI'IHAU
ニイハウ島

KAUA'I
カウアイ島

O'AHU
オアフ島

6つのIsland〜ハワイ州概論〜

　ハワイ諸島はカウアイ島、ニイハウ島、オアフ島、モロカイ島、ラナイ島、マウイ島、カホオラヴェ島、ハワイ島という8つの主要な島で構成されている。さらに北西には北西ハワイ諸島の島々が連なり、それらと、周辺の小島を合わせると、ハワイ諸島には130ほどの島がある。また、ハワイ諸島の南東端の海底1000mほどのところにはロ（ー）イヒと呼ばれる海底火山がある。数万年から数十万年後には海上に顔を出し、諸島に加わることだろう。

　いずれの島も地球内部から上昇したマグマによって誕生した玄武岩で構成されているため、水はけがよく、島に大きな川はできにくい。

　ハワイ諸島は最も近い大陸からでも3000km以上離れており、地球上のいかなる地域よりも独自性をもった自然を育んできた。その結果、動植物の80〜90％以上がハワイ固有種となっている。

　ハワイ諸島は気候的には亜熱帯に属し、目立たないながらも四季はある。一年を通じ、ほぼ北東から吹きつける貿易風のため、島々の北東部は湿潤な気候が、南西部は乾燥した気候が支配する。こうした特徴があるので、リゾートは雨の少ない南西部に造られることが多い。

MOLOKAʻI
モロカイ島

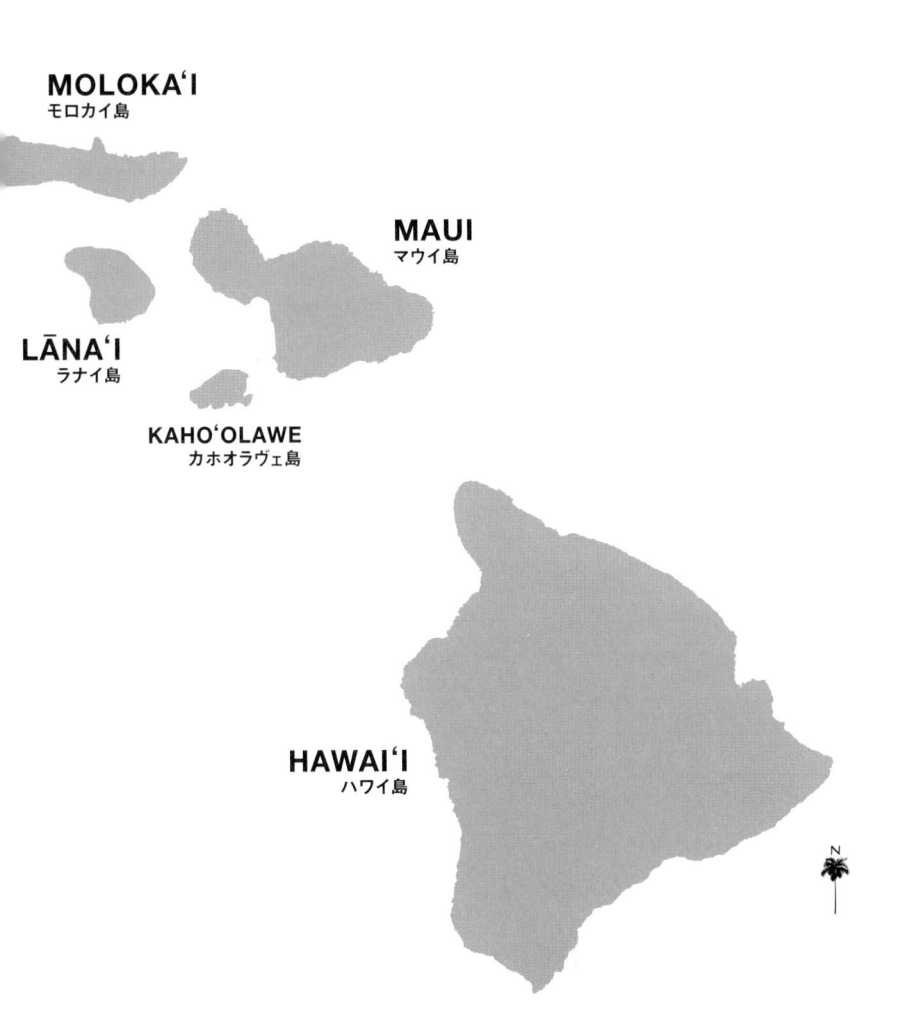

MAUI
マウイ島

LĀNAʻI
ラナイ島

KAHOʻOLAWE
カホオラヴェ島

HAWAIʻI
ハワイ島

KAUA'I
［カウアイ島］

ナ・パリ・コー

ポリハレ

ケカハ

　カウアイ島はニイハウ島とともに、ハワイ諸島のなかでは最も古く、今から500万年から600万年ほど前に誕生したといわれる。かつてはハワイ島のように黒々とした溶岩に覆われていたこの島も、歳月とともに浸食が進み、今日のように起伏に富んだ地形をもち、緑に覆われるようになった。

　島の北部に広がるハナレイ地区は貿易風を受けて雨が多い。そのため、ハナレイを中心に多くの川が流れ、その川の水を引いてカロ（タロイモ）の水田を中心とする農耕が繰り広げられてきた。一説によればハナレイはハワイ諸島のなかでは最も古い農地で、西暦1000年頃からカロを中心とする農業が営まれてきたといわれる。現在もハワイ最大のカロ水田が青々と広がっている。

　島の西端はポリハレと呼ばれ、一帯は火の女神ペレの姉であるナマカオカハイが住む聖地とされる。南部のワイメアはキャプテン・クックの一行が最初に足を踏み入れた場所として知られる。町から北に広がるワイメア渓谷は風雨による浸食とともに、カウアイ島が乗っている太平洋プレートの断裂によって引き裂けはじめてもいる。南東部のコロアはハワイ最初のサトウキビ農園ができたところとして知られる。

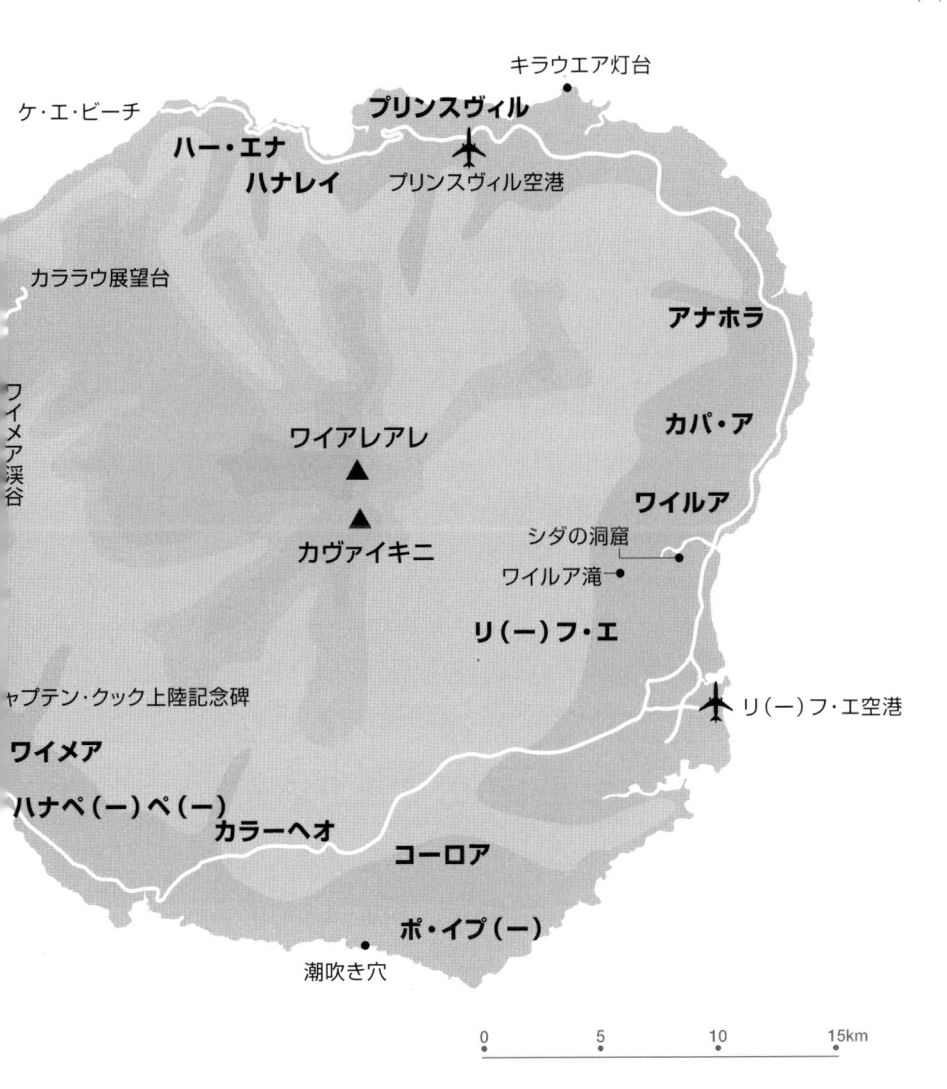

ニイハウ島

　島の中央東側には最高地点であるパニアウ山がある。南部と北部は起伏が乏しい。島にはハワイ最大の湖が2つあるが、一年のほとんどは干上がっている。ニイハウ島は19世紀にシンクレア夫人が購入して以来、住民とその生活を非公開にして伝統的なハワイ文化を守る暮らしを続けている。

O'AHU
[オアフ島]

HAWAIIAN NATURE | 自然

カフク岬
サンセット・ビーチ
カフク
ワイメア
ラ(ー)イ・エ
・ワイメア・バレー
ハレイヴァ
ハウ・ウラ
カ・エナ岬
ワイアルア
コオラウ山脈
モクレ(ー)イ・ア
カハ
▲カ・アラ山
ワイアナエ山脈
ワヒアヴァー
マ(ー)カハ
ワイアナエ
ミリラニ
パールシティ
ワイパフ
ナ(ー)ナ(ー)クリ
パールハーバー
ソルトレイ
エヴァ
カポレイ
ホノルル
ホノルル国際空港

0 5 10 15km

060

島の中央を走るコオラウ山脈やワイアナエ山脈の北側はいずれも深く浸食を受け、断崖が連なっている。ハワイ州の中枢部であるホノルルは巨大都市だが、パンチボウルやハナウマ湾、ココヘッド、あるいはダイヤモンドヘッドなど、多くのクレーターが点在する火山地帯でもある。火山活動が終息したあと、現在のホノルル地区の多くは森と湖の広がる湿地帯となった。その一地区であるワイキキには、ハワイ語で「水の湧き出る土地」という意味がある。ワイキキからパールハーバーにかけての土地では豊富な水を利用してカロ水田やフィッシュ・ポンド（養魚池）が造られた。さらに、西欧やアジアからの移民が行なわれた19世紀には稲の水田も造られた。

　その後、ホノルルが都市として拡大していくなかで水田は姿を消し、最後に残ったワイキキも立地のよさに目をつけられ、白人実業家たちによって干拓されてリゾート地帯に生まれ変わった。アラワイ運河はこのとき湿地帯を埋めるために行なった浚渫工事で出現した。

　島の北側に位置するワイメアは、植物園を中心に、プウ・オ・マフカ・ヘイアウなどの史蹟が各所に残る。ここは古代からカフナが支配する信仰の篤い土地だった。

MOLOKAʻI
［モロカイ島］

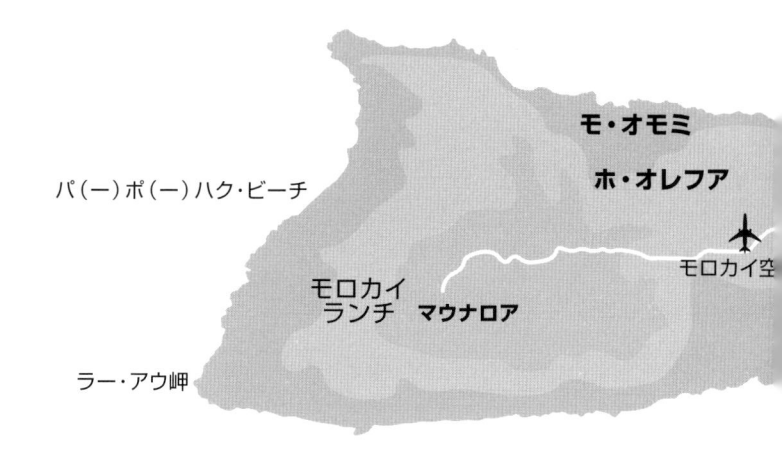

HAWAIIAN NATURE ｜ 自然

モ・オモミ
ホ・オレフア
パ(ー)ポ(ー)ハク・ビーチ
モロカイ空
モロカイ
ランチ　マウナロア
ラー・アウ岬

　モロカイはかつてモロカイ・プレ・オ・オ（「力強い祈りを行なう者たちのいるモロカイ島」）と呼ばれ、聖なる島として崇められた。フラをはじめとする、クムやカフナなど、さまざまな職業の長（おさ）が修行を積むためにこの島を訪れた。
　島の最高地点は島の中央に近いカマコウ山で、ここにはペペオパエなど、ハワイに数少ない原生の自然林が残る。東部は高山と険しい崖に囲まれた深い森が広がるのに対し、西部は平坦な土地が広がり、赤土に覆われているところが多い。西部のマウナロア地区にあるカー・アナの丘は、フラに関わる者すべてにとっての

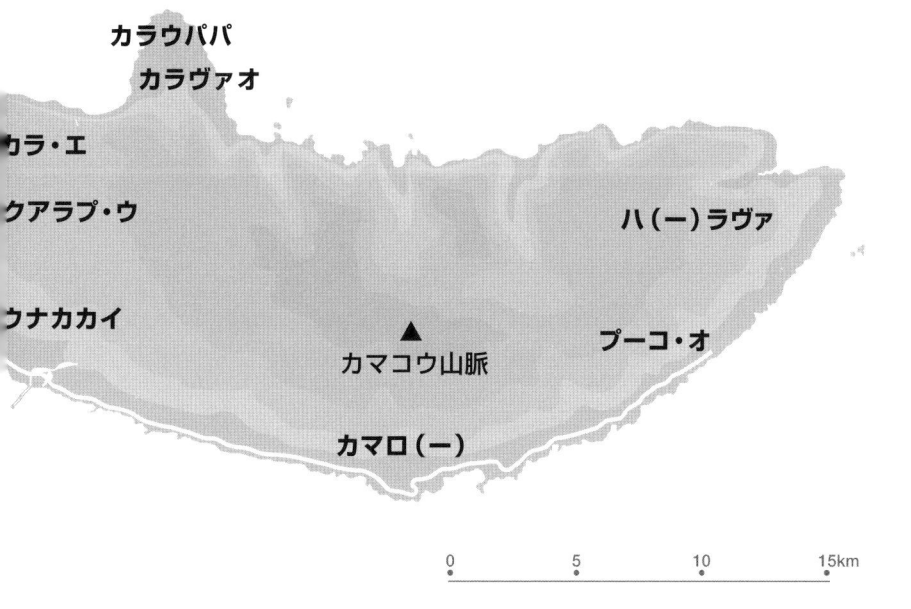

カラウパパ
カラヴァオ
カラ・エ
クアラプ・ウ
クナカカイ
▲ カマコウ山脈
ハ（ー）ラヴァ
プーコ・オ
カマロ（ー）

0　　　5　　　10　　　15km

聖地とされる。島の西端には全長5kmに達するパ（ー）ポ（ー）ハク・ビーチが延びる。南部にはいくつものフィッシュ・ポンド（養魚池）があり、ラナイ島との間の内海では冬季にザトウクジラの子育てが行なわれる。南東部から東部にかけてはモロカイの木であるククイの森が広がる。最東端のハラヴァ渓谷はかつてはカロ水田が広がる土地だったが、今は原野となっている。北海岸に張り出したカラウパパはハンセン病患者の施設が置かれたところで、ダミアン神父の献身的な奉仕で知られる。

LĀNAʻI
[ラナイ島]

HAWAIIAN NATURE｜自然

　かつてナナイとも呼ばれたラナイ島はパイナップル産業で栄えたが、今日、それらの畑は廃れて原野が広がる。西部は乾燥し、大地は浸食が進んで荒涼とした赤土地帯が広がるが、東部はラ（ー）ナイ・ハレ山を中心に針葉樹の森となっている。

　島の中央には唯一の町であるラナイ・シティーがある。北に接する一画と、南東のマネレ湾にリゾートエリアがあるほかに集落らしき集落はない。島の最高峰であるラ（ー）ナイ・ハレからは、晴天時にカウアイ島とニイハウ島を除くすべての島を望むことができる。

　伝説によれば、マウイの大首長の息子カウルラーアウが父に反抗して追放処分となり、この島へ来て土地の悪霊を退治した。島民たちはこれをたたえ、カウルラーアウを島の開祖としたとされる。

カホオラヴェ島

　カホオラヴェ島は北東にマウイ島があるため、貿易風の恩恵を受けることができず、降雨量が少ない。そのため、昔からほとんど開墾されてこなかったが、島の最高峰であるプウ・モアウラヌイは主に漁師たちの聖地として崇められた。

　20世紀に入ると米軍の爆撃訓練地となり、島は徹底的に破壊された。2007年現在、島はハワイ州に返還され、不発弾処理を行ないながら、島の自然復元活動を行なっている。

シップレック・ビーチ

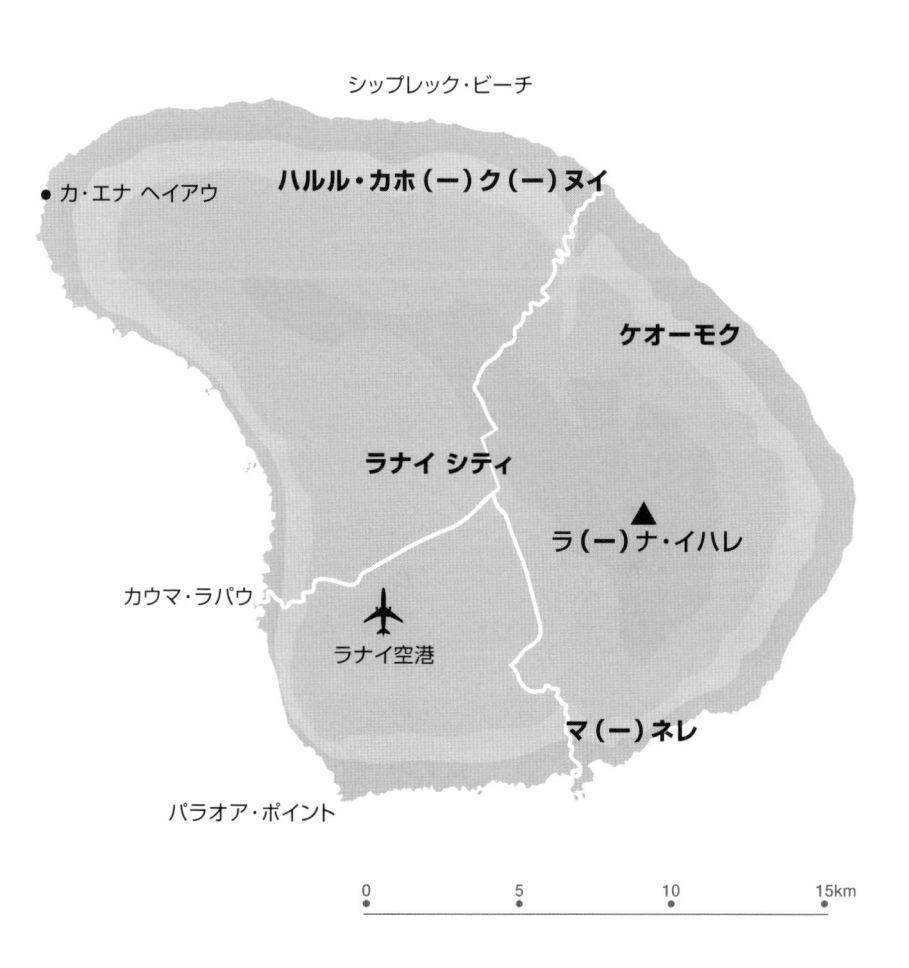

ハルル・カホ（ー）ク（ー）ヌイ

● カ・エナ ヘイアウ

ケオーモク

ラナイ シティ

ラ（ー）ナ・イハレ ▲

カウマ・ラパウ

✈ ラナイ空港

マ（ー）ネレ

パラオア・ポイント

0　　　5　　　10　　　15km

MAUI
[マウイ島]

ナーカーレレ岬
カパルア
←カハクロア
カアナパリ
プウ・ウ
ククイ
▲
ワイエフ
ワイルク
イアオ渓谷州立公園
カフルイ
空港
ラハイナ
カフルイ
ワイカプー
オロワル
パパワイ岬
キ（ー）
ワイ
マー
モロキニ島

　マウイ島は西と東のふたつの火山島が合体してできた島で、西はプウ・ククイ、東はハレアカラの火山活動によってつくられた。西マウイはパンノキの畑が広がるのどかな場所だったが、19世紀になるとビャクダン交易や捕鯨産業基地として栄えた。また、ラハイナは1845年に遷都するまで、首都として、ホノルルとともに文化と産業においてハワイを代表するの一大拠点でもあった。

　島の中央西側にはイアオ渓谷がある。ここはかつて光の神イアオが住むといわれ、アリイ（首長）が亡くなるとこの地に葬られた。その後、18世紀末にカメハメハ大王がこの島に攻め入り、ケパニワイの戦いが起きた。

　空港のあるカフルイと隣接するワイルク地区は19世紀半ばまでは砂塵の吹き荒れる荒野だった。その後サトウキビ農園が広がり、それに伴って町が発展した。今も町の南部からキ（ー）ヘイにかけて広大なサトウキビ畑が広がる。東マウイの大部分を占めるのはハレアカラ山で、半神マ（ー）ウイが住むと信じられた。南麓は溶岩が露出し、ハワイ島と見紛うばかりの黒々とした光景が広がる。

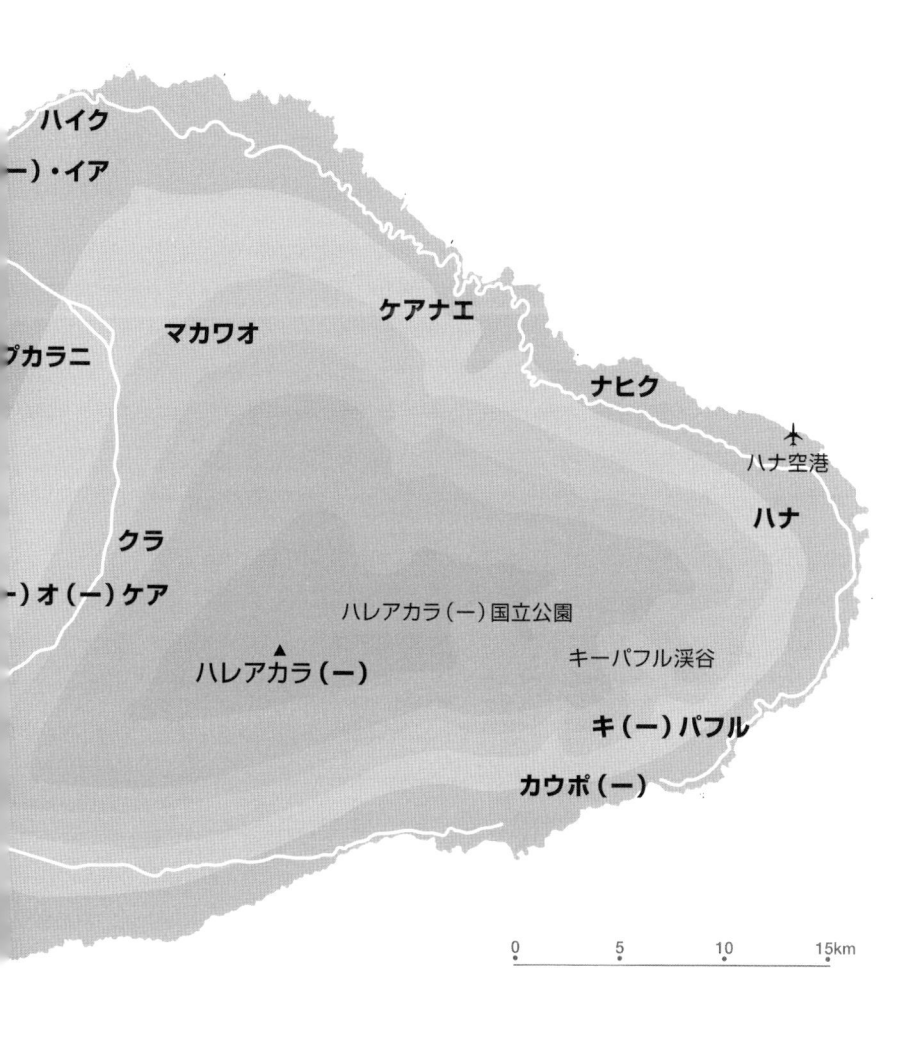

ハイク
ー）・イア
プカラニ
マカワオ
ケアナエ
ナヒク
ハナ空港
ハナ
クラ
ー）オ（ー）ケア
ハレアカラ（ー）国立公園
キーパフル渓谷
ハレアカラ（ー）
キ（ー）パフル
カウポ（ー）

0　5　10　15km

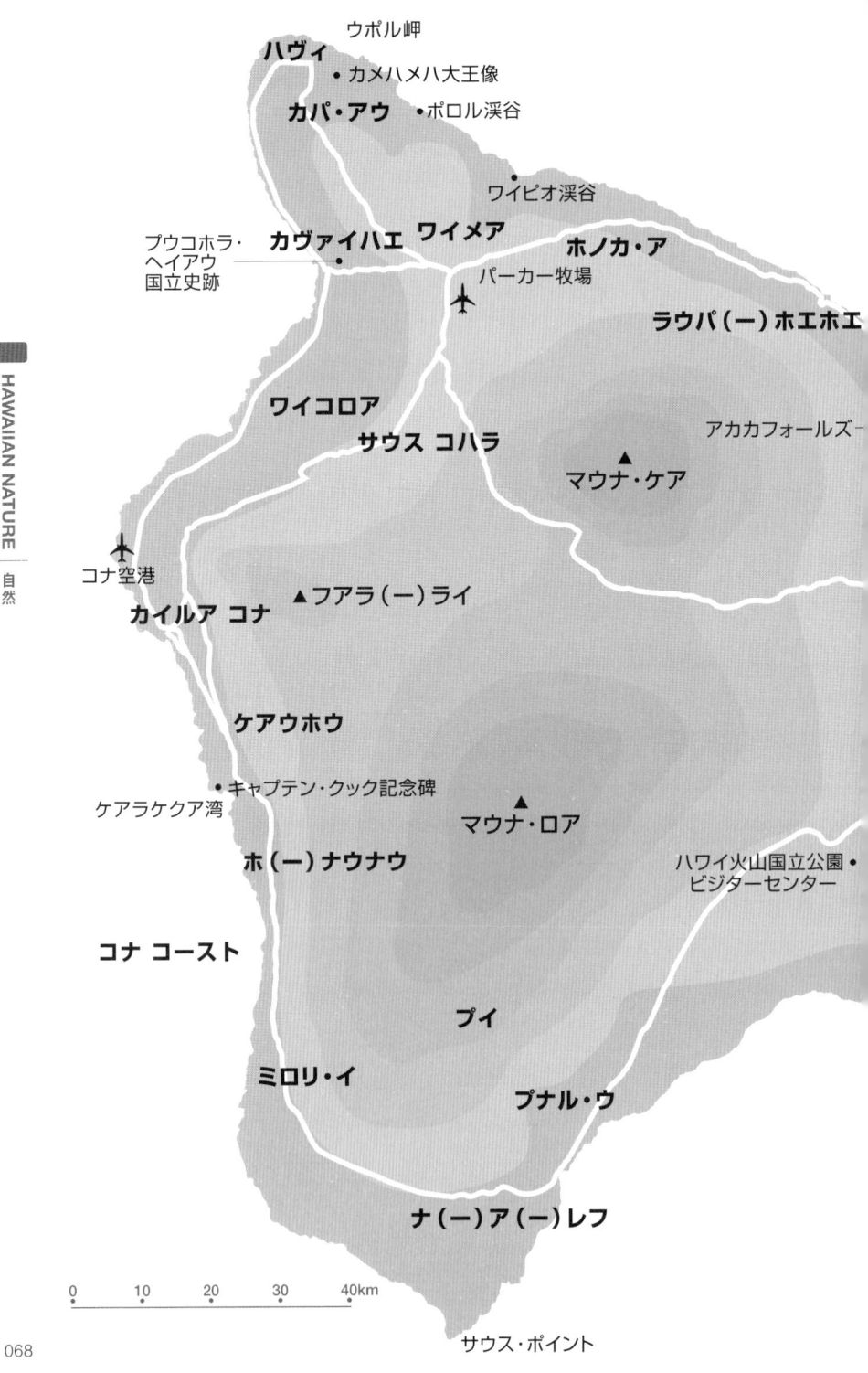

ウポル岬
ハヴィ
・カメハメハ大王像
カパ・アウ ・ポロル渓谷
・ワイピオ渓谷
プウコホラ・ **カヴァイハエ** **ワイメア** **ホノカ・ア**
ヘイアウ
国立史跡　　　　　　　パーカー牧場

ラウパ（ー）ホエホエ

ワイコロア
サウス コハラ　　　　　　　アカカフォールズ
▲
マウナ・ケア

コナ空港
　　　　　　　▲フアラ（ー）ライ
カイルア コナ

ケアウホウ
・キャプテン・クック記念碑
ケアラケクア湾
　　　　　　　　　　▲
　　　　　　　　マウナ・ロア
ホ（ー）ナウナウ
　　　　　　　　　　　　　ハワイ火山国立公園・
　　　　　　　　　　　　　ビジターセンター
コナ コースト

プイ
ミロリ・イ
プナル・ウ

ナ（ー）ア（ー）レフ

0　10　20　30　40km

サウス・ポイント

HAWAIIAN NATURE ｜ 自然

HAWAI'I
[ハワイ島]

島の南部にはカウ地区がある。貿易風は4000mを超すマウナ・ケアとマウナ・ロアで雨を落とすため、カウ地区には乾いた空気が吹きつける。この地域の植生が貧弱なのは、降雨量の少なさと、古くから大量の溶岩に覆われてきたためだ。南端のカ・ラエ周辺はマグロやアジの一大漁場として栄えた。

カウ地区の東に位置するプナ地区には、今なお活動を続けるキラウエア火山がある。一帯は天候が不安定でよく雨が降る。その結果、オヒアやコア、ユーカリなどの樹木は高く生い茂り、しばしば虹が顔を出す。

キラウエア火山のハレマウマウ火口やマウナ・ロアのモクアヴェオヴェオ火口は19世紀末まで活発な活動を続け、プナ地区のほか、西のカイルア・コナや東のヒロ近くまで溶岩を流した。

北西のコハラ半島は島のなかで最も地質年代の古いところで、ここには浸食によって出現した深い渓谷や森が広がる。淡水の乏しいハワイ諸島では、四方から水が集まるワイピオやワイマヌなどの土地は貴重で、昔から特権階級によって独占されてきた。

島の中央にはマウナ・ケアとマウナ・ロアというふたつの4000m峰が威容を誇る。マウナ・ケアはすでに4000年ほど前に噴火を終え、山麓には緑が広がるが、マウナ・ロアは今も噴煙を上げる活火山で、西部にあるフアララィ山とともに、近い将来、噴火活動を再開する可能性がある。

ハワイ諸島はどの方向に移動している？

ハワイ諸島の誕生

　ハワイ諸島は赤道直下の熱帯の島というイメージが強いが、主要ハワイ諸島で最北端のカウアイ島は北緯22度に位置し、緯度的には日本の石垣島とそれほど変わらない。大きな違いは、石垣島が古い火成岩や石灰岩であるのに対し、ハワイ諸島は火山活動で流れ出した溶岩の堆積であることだ。最も古いカウアイ島は今からおよそ500〜600万年前に海上に姿を現わし、次いでニイハウ、オアフ、モロカイ、マウイ、ラナイ、カホオラヴェ島と続き、最も新しいハワイ島はおよそ40〜60万年前に海上に姿を現わしたと思われる。すべての島は海底下数kmにある同じマグマ溜まり（ホットスポット）から噴出した溶岩によって造られたもので、南東の島ほど新しく、北西の島ほど古い。

海に注いで噴煙をあげる溶岩

　地球の表面を覆う岩石のうち、表層の固い岩盤層をプレートと呼ぶが、このプレートは地球内部の高温物質の移動に引きずられるように動く。これをプレートの移動といい、ハワイ諸島は太平洋プレートに乗り、年に6cmから10cmほどの速度で北西方面へと移動を続けている。

　ハワイ島のようにホットスポットから溶岩の供給を受ける島は成長を続けるが、ホットスポットから切り離されたほかの島は風雨や波浪による浸食が始まり深く削られていく。さらに浸食が続くと島は次第に平坦になり、やがて島の周囲にサンゴが発達する。最終期には北西ハワイ諸島のように、やがて環礁を残して島の本体は消滅し、次いで環礁も海に沈んで島の一生は終わる。

　その一方で、ホットスポットの上に移動してきたプレート上には新しい島が誕生する。現在、ハワイ島南東沖の海底にはロ（ー）イヒと呼ばれる海底火山があり、海面下1000mほどのところで活動を行なっている。

ハワイの生物にはなぜ固有種が多い？

大洋島と固有の自然

　ハワイ諸島は地球上の島のなかであらゆる大陸から遠い。最も近いカリフォルニア半島からでさえ3000km以上の距離がある。このように誕生以来、一度も大陸に接したことがなく、大陸の影響を受けにくい島を大洋島という。ハワイは大洋島のなかでも、際立って孤立した島で、ポリネシア人が入植するまで、世界のどこよりも外来種の影響を受けにくい場所として独自の生態系が発達してきた。動植物に占める固有種の割合は世界一高く、種子植物は90％近くが、鳥類は98％が、昆虫類や陸産の貝類は99％が、淡水魚にいたってはほぼ100％がハワイの固有種で構成されている。

　ポリネシア人が入植してからハワイの自然は少しずつ破壊されたが、西欧人が入植しはじめてからは破壊の速度は飛躍的に増した。種子植物を例に挙げるなら、18世紀末までは1000種ほどだったものが、今日では人間の持ち込んだものを加え、総種数は1万種とも2万種ともいわれる。ハワイ諸島にはくまなく外来種が繁殖しているということだ。ハワイは広大なアメリカ合衆国のわずか500分の1の面積を占めるにすぎないが、19世紀以降に絶滅した動植物の半分はハワイ州が占め、いまなお絶滅の危機に瀕している動植物が合衆国全体の3分の1を占める。固有の生態系は外来種の侵入にきわめて弱く、ハワイがユニークな自然を保つために行なうべき事柄は多い。

カララウ渓谷

なぜハワイの人は
あまり傘を持たないのか？

気候と気象

　ハワイ諸島は一年を通じて北東から貿易風が吹きつける。風の方向にあまり変化がないため、オアフ島では北東の海岸線をウインドワード（風上）、南西の海岸線をリーワード（風下）と呼んでいる。オアフ島のホノルルではコオラウ山脈の北東面に、カウアイ島のワイメアであればワイアレアレ山の北面や東面に湿った空気がぶつかって山頂一帯に雨を落とすため、山を乗り越えて吹く風はたいてい乾燥している。

　風の通り道であるオアフ島のヌウアヌ・パリや、ハワイ島のワイメアでは強風のせいで立木はみな南西の方角に傾いている。また、オアフ島のワヒアヴァやハワイ島のキラウエアでは、貿易風を巻き込むような形で複雑な風が吹くので比較的天気が変わりやすく、晴天と曇天と雨天が入れ替わりに訪れることも珍しくない。観光客は変わりやすい空模様を嫌うだろうが、こうした天候はワヒアヴァのパイナップル畑やハワイ島サウス・コナのコーヒー農園のように農作物の栽培に適している。また、それらの土地は雨上がりに見られる虹の名所ともなっている。こうした貿易風の性格を考慮して、主なリゾート地帯は島の南西部に造られることが多い。また、雨が降っても日本のように終日降りつづけることはほとんどないため、地元住人は傘を持つことがあまりない。

カアナパリの虹

ハワイの人々を導く「マカリイの星々」とは?

🌴 マウナ・ケアと天文台

　ハワイ島のマウナ・ケアは4000mを超えるハワイの最高峰として知られる。ケアは「白い」という意味で、文字どおり冬季には積雪がある。太平洋を渡って北東から吹きつける湿った貿易風はマウナ・ケアの標高2000m前後に雲海をつくってヒロを含む北東域によく雨を降らせるが、冬季の一部を除き、山頂付近は強風が吹きつけるだけでほとんど降雨がない。

　マウナ・ケアは標高が高いので空気が薄く、星の光が届きやすい。また、降雨が少なく、山麓に大きな都市がないため光害の影響も受けにくい。さらに山頂まで車で移動できるという立地条件のよさから、日本のすばる天文台をはじめ、各国が巨大天文台を設置している。現在、山頂直下には13基の天文台が稼働中か建設中だが、この数は今後も変わることはない。山頂はハワイ人の聖地でもあり、一部の先住ハワイ人たちが天文台の設置に反対しているため、天文台の総数は13基を超えないと定められているためだ。山頂には祭壇が設けられ、ときにセレモニーも行なわれる。

　星は、ハワイの人々にとって長距離航海の目印であり、月の満ち欠けはさまざまな儀式や約束事を行なう導き手だった。特にすばる（プレアデス星団）はマカリイと呼ばれ、星々のなかでも重要な位置を占めていた。

マウナ・ケアの天文台

ハワイ諸島の最高峰は？

火山と溶岩

　ハワイ諸島の最高峰はハワイ島のマウナ・ケアで標高4205m、南側にはそれより少し低いが何倍もの広がりを持つマウナ・ロア（4169m）がある。西のコナ側にはフアラライ（2521m）がある。マウナ・ケアが死火山であるのに対し、マウナ・ロアとフアラライは活火山で、今もわずかながら噴煙を上げている。

　各島の最高峰は、オアフ島がカ・アラ（1225m）、マウイ島がハレアカラ（3055m）、カウアイ島がカヴァイキニ（1598m）、モロカイ島がカマコウ（1512m）、ラナイ島はラーナイハレ（1027m）、カホオラヴェ島がプウ・モアウラヌイ（452m）、ニイハウ島はパニアウ（390m）となっている。北西ハワイ諸島の最高峰はニホア島にあり、275mの高さがある。

　火山活動は災害のイメージが強いが、ハワイでは少し事情が異なる。かつてハワイでは火山噴火が始まると溶岩見物に出かけることもあった。噴出直後の溶岩の温度は摂氏1000度から1200度にもなるが、爆発の危険性が比較的低いため、今日でもヘリコプターツアーなど、間近での見学が行なわれている。

　ハワイの火山噴火で吐き出される溶岩は粘性の低い玄武岩質であるのが特徴だ。粘性が高い溶岩は内部から地表に逃げようとするエネルギーに強い栓をしているような状態のため、エネルギーが外へ出るときは破裂しやすいのに対し、粘性の低い溶岩は地中のすき間を通って火山ガスとともに噴き出しやすい。その結果、噴火で吐き出された溶岩は川の流れのように下っていくことになる。2007年までの噴火活動はハワイ島南東部のプウ・オー・オー火口を中心に続いていたが、同年半ばにいったん停止し、変化の様相を示している。

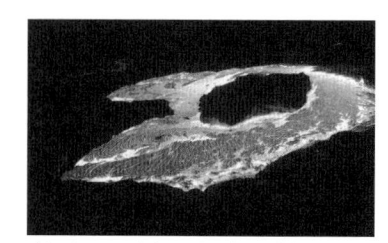

プウ・オー・オー火山から流れ出した溶岩

「ペレの涙」と呼ばれるのは？

溶岩の特徴

　「滑らかですべすべとした」状態の溶岩をハワイ語で「パホエホエ」といい、「ごつごつとした状態」の溶岩は「アア」と呼ばれる。アアの語源は「熱い」という意味だが、溶岩に用いられる場合は前者の意味となる。裸足や底の薄いサンダルで歩いた人々にとり、アア溶岩はひどく歩きにくいものだったのだろう。これらのハワイ語は国際的な火山学用語として世界で用いられている。

　溶岩樹型は、樹木を包み込んだまま冷え固まったもので、溶岩流の中に鋳型を残すタイプと、立木をそのまま包み込んで岩塔をつくるタイプとがある。軟らかな溶岩が何かの拍子に空中にはね上がったとき、強い風が吹いていると薄い部分が糸のように伸びて引きちぎれ、空中を飛んで風の吹きだまりに堆積する。外観が人間の髪の毛によく似ているため、これを火の女神ペレにちなんで「ペレの髪の毛」と呼んでいる。火山ガスの噴出口近くには、ガラス成分だけが残ったスポンジ状の石が出現することがある。地底から噴き上げられた溶岩が堆積して丘のようになったものを噴石丘というが、ここには涙状の小さな溶岩塊が見つかる。これは「ペレの涙」と呼ばれる。

　溶岩は流れはじめると、外気に反応してすぐに冷え固まり、殻をつくるが、内部は炉のようになり、高温を保ってトンネルとなる。これが冷え固まると地底に洞窟が誕生する。洞窟は、火山ガスが地表近くに閉じ込められた場合も、流動性を保った状態（高温の状態）にある溶岩を押し上げて造られることがある。

　こうして出現した洞窟では、光の届かない奥は完全な闇となる。音さえかき消された地下空間を死者の世界のように感じたのか、かつてハワイ人は先祖の遺骨を洞窟に埋蔵した。ハワイ島には全長60kmを超える世界最長の溶岩洞窟と、深さ250mに達する世界最深の竪穴が確認されている。

王侯貴族が独占した
豊富な淡水があるのはどこ？

🌴 水を巡る自然

　ハワイ諸島は火山活動で噴出した玄武岩質の熔岩でできている。玄武岩は内部に多くの隙間があるため、地中に水をためにくい。先住のハワイ人にとって、飲料水や農業用水の確保に苦労する土地が多かった。そのため、ハワイ島のワイピオの

ワイルク川に落ちるペ・エペ・エ・フォールズ

ように豊富な淡水のある土地は王侯貴族に独占される傾向にあった。また、滝や川、湖にまつわるさまざまな神話が語り継がれてきた。その多くは豊作や豊漁、健康祈願など、暮らしが豊かになることを願うものだった。

　ハワイ諸島のなかで大型船が航行できるのはカウアイ島のワイルア川だけで、それ以外の河川はほとんどが雨季と乾季で流量に大きな差が生じる。そのような理由で季節変動はあるが、各島の最長河川は、オアフ島がカウコナフア川（53km）、ハワイ島がワイルク川（51.5km）、カウアイ島がワイメア川（約31km）、マウイ島がカリアリヌイ・ワイアレ渓谷（約29km）となっている。

　滝もまた雨季と乾季によって、あるいは大雨の前後で大きく流量が変化する。ハワイ島のカルアヒネ滝やヒイラヴェ滝、レインボー滝、マウイ島のホノコーハウ滝、オアフ島のマノア滝、カウアイ島のワイポオ滝などはいずれもハワイでは規模の大きな滝だが、乾季には水流が消えることもある。ただし、カウアイ島のカヴァイキニやワイアレアレ周辺は世界でも指折りの多雨地帯で、周辺にかかる無数の滝はほとんど流量の衰えることがない。

　落差の大きな滝は、オアフ島がセイクレッド・フォールズ（約900m）、モロカイ島がカヒヴァ滝（約300m）、ハワイ島がカルアヒネ滝（約120m）、マウイ島がホノコー

ハウ滝(約150m)となっている。

　湖も同様に1年を通じて面積の変わらないものはない。年間を通して最も水量の多い状態にあるときの比較では、ハワイ最大の湖はニイハウ島のハラリイ湖(約3.4km^2)だが、ここ数年はほとんど干上がっている。そのため、各島には大規模な貯水湖が造られている。最大のものはカウアイ島のワイター貯水湖で最大時の面積は1.7km^2、次いでオアフ島のワヒアヴァ貯水湖が1.2km^{2}となっている。

　ハワイ島にはわずかながら温泉もある。プナ地区のポホイキには大きなバスタブ程度のぬるま湯が湧くアイザック・ハレ・ビーチ・パークの温泉がある。また、近くには、海水に接するアハラヌイ・ビーチ・パークの温泉(プナ地区の東部海岸線沿い)もある。

多くの神話を生み出したアカカ・フォールズ

グリーン・サンド・ビーチの砂はなぜ緑色？

地形と地質

　ハワイの島々はそれぞれに個性的で、われわれ人間に似ていなくもない。あるいは噴き出し続ける溶岩が創り出す作品といえばよいだろうか。ハワイ島は最も若い島で、今も溶岩が噴き出し、島の景観を変えつづけている。軟らかな溶岩が起伏を埋めるように流れ広がるため、なだらかな地形が多い。島のなかで比較的地質年代の古いコハラ地区には深い森が広がり、急峻な渓谷も見られるが、火山活動の活発なプナ地区は今も黒々とした溶岩台地が広がり、顕著な渓谷は見当たらない。ハワイ島を色でたとえるなら黒に近いだろう。

　マウイ島は、ハワイ島の2〜3倍も年代の進んだ島だが、ハレアカラの南麓にはハワイ島そっくりの溶岩台地が広がっている。西マウイは島で最も古い地域なので山は深い浸食を受け、森が発達している。隣り合うモロカイ島、ラナイ島、カホオラヴェ島とともにかつてはひとつの島を形成していたが（*1）、モロカイ島東部を除くと、いずれの島も南西部を中心に赤土の荒涼とした景色が広がる。色のイメージは赤褐色だろうか。

　オアフ島はマウイ島の2倍以上の地質年代なので、ふたつの脊梁山脈（コオラウ山脈とワイアナエ山脈）を中心に島全体の浸食が進んでいる。溶岩の露出する土地はほとんど見られないが、意外にも50万年ほど前まで火山活動があった。ホノルル市周辺にはダイヤモンドヘッドやパンチボウル、ココヘッドなど、10を超えるクレーターがある。ふたつの脊梁山脈と西部の乾燥地帯から受ける色のイメージは褐色に近い。

　カウアイ島はハワイ島の10倍ほどの地質年代で、オアフ島と比べても200万年ほど古く。ワイメア渓谷を中心に浸食が進んでいる。カウアイ島はガーデンアイランドと呼ばれるように、島全体が緑で覆われている。だが、ハワイ島のような若い土地よりも土壌の栄養素は乏しく、植物の平均樹高は主要な島々のなかでは最も低い。色のイメージは緑だろうか。

北西ハワイ諸島はハワイ諸島の未来の姿を示している。カウアイ島の地質年代が500万年から600万年なのに対し、西端に近いミッドウェーはおよそ3000万年。島は浸食を受け続けて土砂を海に押し流し、小さく平らな土地を残すにすぎない。島の周囲にはサンゴが環状に成長して環礁を造り上げている。やがて島は完全に削り取られ、波に洗われながら海の底に消えるだろう。色のイメージは白に近い。

　ハワイではレッドやブラック、グリーン、ホワイトなど、色の名がついたビーチが多い。赤は溶岩の中の鉄やアルミニウムの成分が酸化したもので、黒は玄武岩溶岩が砕かれたもの、緑（正しくはオリーブ色）は、溶岩成分のうちかんらん岩の結晶が多いものだ。白は溶岩ではなく、サンゴが砕かれてできたもので、波の浸食によってもできるが、その生成にはブダイなど、サンゴを食べて暮らす魚たちによる排出物の堆積も寄与している。

*1　大マウイと呼ばれる。

グリーン・サンド・ビーチ

さまざまな姿に形を変えてきた
ハワイ固有の植物は?

🌴 ハワイの景観を形づくる樹木

　ハワイを訪れて気づくことのひとつに、色彩の華やかさがある。暖かい土地だからというだけでは説明がつかないほどさまざまな植物を目にすることだろう。花を咲かせる植物（顕花植物）だけでなく、花を咲かせないシダ類やコケ類などの隠花植物も多い。その総数は2万種に近いともいわれる。

　しかしそのほとんどが外来種であることに気づく者は少ない。ジンジャーやアンスリウムなどの草花だけでなく、シャワーツリーやジャカランダなど、ハワイの四季に欠かせない樹木のほとんどが外来の植物だ。ハワイ固有の顕花植物は1000種に満たない。今日のハワイで見られる植物のほとんどは、西欧文明と接して以降のわずか200年ほどの間に持ち込まれたものだ。

シルバー・ソード

　それでも一歩森の中に入ると、街中よりははるかに多くの固有植物に出合うことができる。そこにはまだハワイ本来の自然が残されていることが多い。ハワイの森を知るうえで特に重要なのはオヒアとコア、それに数は少なくなったがビャクダン（イリアヒ）など、太古の昔からハワイに根づいていた樹木だ。それらの木はハワイ島であればハワイ火山国立公園の周辺で、マウイ島ではハレアカラ山周辺の森で、オアフ島ではホノルルのすぐ背後に連なるコオラウの山々で、カウアイ島ではコケ・エの国立歴史公園で出合うことができる。

姿を変えるオヒア

　ハワイの森で最も多く目にする固有の樹木はオヒアだ。ユーカリやグァバの仲

間であるオヒアは生育する環境の違いで大きく姿を変える。土壌が豊かで適度な降雨と光があるところでは樹高が30m近くにもなるが、カウアイ島のアラカイ湿原のように高山の湿地帯ではせいぜい50cmほどの高さしかない。高木のオヒアの葉は薄くて艶があるが、湿原地帯のオヒアの葉は小型で分厚く、葉裏には毛が密生している。環境条件に合わせて自らを変え、生存に有利になるよう努力をしているためだ。大陸であれば、それぞれの環境に最も適した別の植物が進出するが、ハワイでは対応できる植物が少ないため、オヒアが自らの外観と機能を変えていくつもの役割を受け持ってきた。

伝統植物

固有種に準ずる植物として、1000年以上も昔にポリネシア人が持ち込んだとされる20数種の植物がある(→P.37)。伝統植物と名づけられたこれらの植物は熱帯や亜熱帯の島に住む人々にとってなくてはならないものだ。なかでもニウ(ココヤシ)やマイ・ア(バナナ)、ウル(パンノキ)、カロ(タロイモ)などは、ハワイだけでなく、ポリネシアをはじめとする太平洋の島々の文化を知るうえでも重要なものだ。

大洋島に固有の自然は脆弱で、つねに繁殖力の強い外来植物に脅かされている。ハワイもその例外ではなく、固有種のかなりの割合が外来種に圧迫されて絶滅の危機に瀕している。なかでもホワイトジンジャーなどのショウガ科の植物や、グァバなどのフトモモ科の一部、外来種のタケ類やノボタン科の植物などは有害植物に指定され、駆除作業が続けられている。

夕日を浴びるコアの巨木

ハワイアン・ハイビスカスは
いつごろからあった？

その他の植物

　亜熱帯地域に属し、場所によっては湿潤な気候が一年中続くハワイでは、草本類（樹木とならないもの）が冬枯れすることなくいつまでも咲き続けている。1000に満たない固有種と、19世紀以降に外国から持ち込まれた1万を超える植物が代わる代わる花を咲かせ、ハワイを訪れる人たちにカラフルな景観を提供している。かつてのハワイでは、花は観賞用としてだけでなく、薬や染料、香料として日々の生活に用いられた。また、19世紀以降はレイやハワイアンキルトの題材としても重要な役割を担っている。

■ハイビスカス

　ハイビスカスにはハワイ固有のもののほかに、19世紀に入ってきた中国の扶桑花（ブッソウゲ）とかけ合わせ、王朝初期からつくられてきた多くの園芸品種がある。ハワイ固有種よりも大ぶりで華やかな色合いをした扶桑花はすぐに人気を集め、王朝を中心にさまざまな品種がつくられるようになった。なかでも観光地でよく目にするハワイアン・ハイビスカスはその代表的なものだろう。

ハワイアン・ハイビスカス

　州花としても知られるハイビスカスだが、当初、ハイビスカス・コキオという赤い小ぶりの固有種が定められた。しかし、人々の目に留まることがあまりないという理由で1988年より黄色のマオ・ハウ・ヘレ（ハイビスカス・ブラッケンリッジー）に変更された。

　固有のハイビスカスにはコキオ・ケオケオ（ハイビスカス・アーノッティアヌス）やコキオ・ウラウラ（ハイビスカス・コキオ）など数種類があり、今日もわずかながら分

布している。ハワイアン・ハイビスカスのような園芸品種と異なり、いずれもすばらしい芳香を放つ。

■シダ類

ハワイのシダ類は確認されているだけで200種ほどある。シダは樹木や花とともにハワイの景観を形づくっている。よく知られているのはハワイ火山国立公園のハープ・ウ（ハワイアン・ツリー・ファーン）やアマ・ウ（ヘゴモドキ）などの巨大な木生シダで、

大きな葉を広げるアマ・ウ

かつて飢饉のときには、木性化した幹のような茎のデンプン質を取り出して食用とした。

今日のハワイで最もポピュラーなのはラウアエ（オキナワウラボシ）だろう。ハワイ語で「かわいらしい」という意味をもつこのシダは19世紀に入ってから持ち込まれた外来種だが、庭の植栽になくてはならないものとなっている。

フラの世界ではパラパライ（イシカグマ）が重要な役割を担っている。ハワイ語で「黒い茎」という意味をもつこのシダは、よい香りを放ち、フラの女神への供え物やレイをはじめ、舞台の装飾などとして用いられる。そのほかのシダのなかにも、古くから食料や薬として、また葬儀の際に用いられてきたものがある。

■地衣類・コケ類

ハワイでは400種ほどが確認されている。樹木や草花に比べて目立たない植物だが、土壌や空気中に十分な湿度がある環境のなか、特定の樹木に着生しているものが多く、耕地や酪農などで森が消えると、地衣類やコケ類も一緒に消滅する。調査が十分ではない分野なので、今後の研究に期待が寄せられている。

ホノルルにコーヒーの木が
植えられたのはいつ？

果実とナッツ

　ハワイは果実やナッツの天国といってもいい。サトウキビ産業が凋落したあとのパイナップルづくりから始まり、ヘー・イー（パパイア）、マナコー（マンゴー）、クァヴァ（グァバ）、マイ・ア（バナナ）、ノニ（ノニ）、コペ（コーヒー）、ニウ（ココナッツ）、あるいはマカダミアナッツなど、農産物として知られているものだけでも数十種類にのぼる。いずれも外来の植物だが、サトウキビ産業以外に大きな収入源を持たなかったかつてのハワイでは、政府によって作物づくりが奨励され、ハワイ大学などの研究機関なども交えてさまざまな品種改良が行なわれてきた。その結果、たとえばマカダミアナッツのように、原産地で食用とされていなかったものを商品化するなど、多くの魅力溢れる作物づくりに成功している。

　商品としてはあまり流通していないが、マウンテンアップルやアボカド、ストロベリーグァバ、イエローストロベリーグァバ、ピタヤ、ウチワサボテン、ハマベブドウなど、野生化した果実植物も多く、実りの時期になると地元の人々やハイカーが旬の味を楽しんでいる。

コーヒー農園と日系人

　最初のコーヒー（コーヒーノキ）の木は1813年にホノルルに植えられたという記録が残されている。少し後の1825年、外遊中に急逝したカメハメハ2世と女王の亡骸を運ぶイギリス軍艦に同乗していたオアフ島知事は、船がブラジルのリオデジャネイロに寄港した際にコーヒーノキを入手した。この木はコオラウ山脈のマキキ渓谷とマノア渓谷に植えられたが、産業化には至らなかった。

　その3年後の1828年、サミュエル・ラグルズというキリスト教宣教師が、コーヒーの木をハワイ島のケアラケクア地区に移植する。木は順調に育ち、産業化に成功したが、やがて国際的な価格競争に負けはじめ、経営はしだいに困難になっていった。経営者は窮余の策として農園の運営そのものを日系人に任せはじめた。日系

人はことごとく業績を回復させたので、20世紀初頭にはコーヒー農園の8割が日系人の運営となるまでに至った。今日ではコナ・コーヒーを筆頭に、カウアイ・コーヒーやマウイ・コーヒーなどが世界に出荷されている。

ヤシの木の知恵

　ココヤシはポリネシア人によって持ち込まれたものだが、今ではワイキキのカラカウア大通りをはじめ、ハワイの景観になくてはならないものとなっている。ココヤシは、果実はもちろんのこと、花や葉、材（幹）に至るまですべてが余すところなく利用された。

　若いココナッツに含まれるジュースは飲み物となり、完熟した実に含まれる胚乳を搾ったりフレーク状にしたものを食材として用いた。固形の胚乳は漁師が髪や体に塗って、体温低下を防ぐ目的にも用いた。乾燥させた胚乳（コプラ）から採れる油は、化粧品や石鹸の材料となり、胚乳と殻の間にある繊維（中果皮）は焚きつけや、ロープ、タワシなどになった。開花前の花軸から採れる樹液はジュースに、発酵させればヤシ酒となった。幹の部分は建材やカヌー、楽器、食器などに用いられ、葉は屋根を葺いたり、籠などの編み細工に用いられた。

コーヒー農園とコーヒー豆

カメハメハ大王が着用したマントは何で作られている？

🌴 鳥の世界

　ハワイは大洋島（絶海の孤島）として独自の生態系を発達させてきた結果、植物と同じように鳥においても独自の世界が形成された。鳥の世界は、植物の世界はもとよりハワイ諸島の地質や地理的条件と深く関わって、今日の姿をつくり上げてきた。

■ハワイミツスイ

　ホノルルのビショップ博物館には歴代の王たちが着用したマントやヘルメットなどが陳列されている。いずれも羽毛で作られているが、そのほとんどはハワイミツスイから採取したものだ。長いマントには8万枚以上の羽毛が必要で、採集は何世代もかけて行なわれた。羽毛の狩猟者たちはトリモチで獲物を捕獲し、羽根の一部を採集してから放

ハワイミツスイの一種であるカウアイ・アマキヒ

したとされるが、鳥は少しのストレスで死ぬこともあるし、脚に付いたトリモチを完全に取り除かなければ生き延びることは難しい。加えて生息地が狭められたこともあり、ハワイミツスイの種の半分ほどが20世紀までに絶滅し、今も数種が絶滅の危機にある。

　ハワイミツスイの仲間は先祖が同一でありながら、蜜を吸う花の形状に合わせてくちばしの形を変えてきた。アパパネ（アカハワイミツスイ）やアマキヒ（ミドリハワイミツスイ）、あるいはイイヴィ（ショウジョウハワイミツスイ）などは、湾曲したクチバシで花の蜜を吸うが、ハワイミツスイの仲間には木の実や木の中の虫を餌にするものもいて、これらは太く短いクチバシや、細くまっすぐなクチバシに変化した。

■ネネ

　ハワイ州の鳥として知られるネネ（ハワイガン）は水辺を離れて高地に移り棲みついたため、水掻きが退化しはじめている。ネネは地面に直接卵を産むが、19世紀にネズミ対策として持ち込まれたマングースがその卵を襲ったため、1940年代には

わずか50羽にまで激減した。その後の保護政策で生息数は増えたが、今も手厚い保護策がとられている。

■アララ

ハワイ島のアララ（ハワイガラス）も絶滅の危機に瀕している。1940年に低地から姿を消し、1980年の調査では80羽ほどとなった。今世紀初頭に行なわれた調査ではその数がついに20羽を切ったという報告がなされた。アララ

ネネ（ハワイガン）

は特定の果実しか食べず、開発による生息地の減少が続いたことと、一時期、狩猟対象となったことなどで生息数が激減した。アララはワタリガラスのようにいくつもの声音を持ち、使い分けることができる。2002年には野生種は絶滅したとみなされ、2007年現在、サンディエゴ動物園スタッフなどが数十羽を飼育繁殖させている。

■水辺や海岸の鳥

水辺に生息する水鳥のうち、アマサギやコレア（ムナグロ）、アウク・ウ（ゴイサギ）などは川辺や湖畔でよく見られる。アラエ・ウラ（バン）やアラエ・ケオケオ（オオバン）、アエオ（クロエリセイタカシギ）など、ハワイで繁殖する水鳥も水田などで目にする。

海鳥は、滝や火山クレーターなどの崖に巣を作るコアエ・ケア（シラオネッタイチョウ）を除くと、コアエ・ウラ（アカオネッタイチョウ）、イヴァ（オオグンカンドリ）、アー（アカアシカツオドリ）、マヌオク（アジサシ）、モリ（コアホウドリ）などを、海岸沿いの崖や岩礁などで観察できる。

■街中から里山にかけて生息する鳥

雑食性のイエスズメやカバイロハッカ、チョウショウバトなどは日本のスズメやハトのように街のいたるところで見かける。街外れや住宅街、公園などではメジロやハウスフィンチ（メキシコマシコ）、シリアカヒヨドリやコウカンチョウ、キンノジコなどが比較的多く、里山ではカエデチョウやアカハラシキチョウ、コウラウンなどが見られる。

「フムフムヌクヌクアプアア」とは？

🌴 サンゴ礁の魚

　海は海流によってほかの地域と結ばれているため、地上ほど独自の生態系をつくりにくいが、ハワイにはさまざまな固有の魚が生息する。

　先住の人々にとって、海の魚は不可欠な食糧だった。ダイヤモンドヘッドのハワイ名は「レ（ー）・アヒ（まぐろの額）」という。かつて漁師はこの山に登り、眼下に広がる海に魚の群れを観察したという。ワイキキ・ビーチはその後、大量の砂を投入したため、今はあまり魚の姿を見ないが、隣のハナウマ湾やハワイ島のケアラケクア湾、あるいはケアウホウ・ビーチなど、島のいたるところで、今もさまざまな魚を観察できる。

■フムフムヌクヌクアプアア

　ハワイ神話にも登場するフムフムヌクヌクアプアア（タスキモンガラ）はハワイ州の魚として知られる。

　伝説によれば、火の女神ペレと、夫のカマプアアはよくけんかをした。ペレは怒ると溶岩を流すため、カマプアアは形勢が悪くなるとブタ（プア・ア）に変身して逃げた。なおも相手が迫ってくると海に飛び込んでフムフムヌクヌクアプアアに変身した。フムフムヌクヌクアプアアには「ブーブーと鳴くブタ」という意味がある。体を握るとブタのように鳴くためだ。

　サンゴ礁に生息するこの魚は警戒心が強く、あまり人前には現われないが、美しい体色は海の中でもよく目立つ。ハワイの人々はこの魚を燃料（焚きつけ）として使用した。

■モイ

　モイ（ナンヨウアゴナシ）は、ハワイ歴代の王が珍重した魚だが、海に関わるさまざまなカプ（戒律）のせいで口にする機会が少なかった。そこで王たちは早くからこの魚をフィッシュ・ポンドで養殖した。成長すると体長が45cmにもなる大型の魚だが、白身の肉はとても美味で、地元では魚の王といわれている。

■ブダイの仲間たち

　ハワイ語でウフと呼ばれるパロットフィッシュ（ブダイ科魚類）は熱帯から亜熱帯にかけて広く分布する。カラフルな体色は雄と雌、稚魚と成魚で大きく異なる。ハワイの固有種として知られるウフ（スペクタクルドパロットフィッシュ）は幼魚のときは、赤と白の尾と暗褐色の体を持つが、成魚になると青く縁どられた緑色となり、頭部が発達する。ハワイ人は、幼魚にはウフ・アフ・ウラ、成魚にはウフ・ウリウリと、別々の名前をつけている。

　パロットフィッシュには9つの属と83の種があり、そのうちの3分の2以上をアオブダイの仲間が占める。パロット（オウム）の名が示すように、オウムに似た丈夫なクチバシを持つ。これは歯が癒着して板状になったものだ。パロットフィッシュは死んだサンゴを大量に食べるので、排泄される糞も膨大な量となる。1匹のパロットフィッシュが排泄する糞の総量は年間1トンにもなる。糞の主成分は石灰岩なので、堆積した糞は白い砂となり、ハワイ諸島のビーチづくりに多少の貢献をしている。ちなみにナガブダイの雌はウフ・パールカルカと呼ばれるが、「大量に糞をする魚」という意味がある。

ブダイ

ハワイ語で「荒れた海を走る犬」と呼ばれるのは？

ハワイモンクアザラシ

　ハワイに数少ない在来の哺乳類であるハワイモンクアザラシは、ハワイ語でイリオ・ホロ・イ・カウアウア（「荒れた海を走る犬」）と呼ばれる。北西ハワイ諸島からカウアイ島にかけて広く生息するが、個体数は少ない。州条例で、一定距離以内に近づくことを禁じられていることもあり、近年は砂浜で日光浴をする姿を見かけることも多い。ハワイモンクアザラシは単独で行動することが多く、騒音を嫌う。かつてミッドウェーにはコロニーがあったが、人が定住すると姿を消し、その後に無人となると、再びコロニーをつくるようになった。

　雌は体長が2m余、体重は200kgから300kg弱で、雄は雌よりも少し小さい。成獣は背が銀色を帯びるが、さらに年齢が進むと暗褐色となる。幼獣は寒帯のアザラシと異なり、黒い毛に包まれている。

　ハワイモンクアザラシは一時絶滅の危機に瀕していたが、1976年に絶滅危惧種に指定されてからは手厚い保護策がとられている。以前は北西ハワイ諸島を除くと、ニイハウ島とカウアイ島の一部でしか観察されなかったが、今世紀初頭に減少は収まる兆しをみせており、今ではカウアイ島だけでなく、ほかのすべての島に出没するようになった。現在の推定生息頭数は2000頭前後といわれている。

ハワイモンクアザラシ

アオウミガメはなぜ青い？

アオウミガメ

　アオウミガメ（グリーン・タートル）はハワイ語でホヌと呼ばれ、日本と同じく長寿のシンボルでもある。名前の由来は、アオウミガメの体内の脂肪分が青色（緑色）をしているためだ。主食である海藻類の色を反映している。幼体の甲羅は褐色だが、成長すると暗緑色から青灰色となる。体長は1〜1.5m、体重は150〜200kgほどになる。

　ハワイではカウアイ島からハワイ島までの、遠浅の海が広がる海岸付近で観察される。繁殖期(*1)になると一斉に生まれた場所へ戻って砂に穴を掘り産卵する。孵化する巣穴の温度が一定温度以下であれば雄が多く生まれ、反対の場合は雌が多く生まれる。

　かつてハワイでは日本と同じくアオウミガメの肉は食用とされた。19世紀以降、ハワイの人々の食習慣は大きく変わったが、ウミガメを食べるという習慣は、1973年に絶滅危惧種に指定されるまで続いた。それ以降、食用としての捕獲は激減したが、漁網にからんで死ぬという事故が続発し、潜って漁網を切断するなど実力行使する保護グループと漁民との摩擦が今日でも報告されている。

*1　北西ハワイ諸島の島々では5月から8月に産卵のピークを迎える（産卵は数度にわたって行なわれる）。

アオウミガメ

ハワイのザトウクジラはどこからやってくる？

ザトウクジラ

　ハワイ語でコホラと呼ばれるザトウクジラは雄の平均体長が13mから15mほど。ハワイモンクアザラシと同じく、雌はこれより少し大きい。ザトウクジラのいちばんの特徴は発達した胸びれにある。長さは5mに近く、体長の3分の1を占める。

　ザトウクジラの生態観察はきわめて困難だが、最近になって捕食活動などが解明されるようになってきた。ちなみに、個体の判別は尾びれの下側の模様や背びれの形状で行なう。

　ハワイのザトウクジラは餌場であるアラスカに生息するが、出産の際はハワイ諸島まで4000km以上を移動し、ほぼ絶食状態で出産と子育てを行なう。

　今日のハワイ観光においてホエールウォッチングは大きな役割を果たしているが、かつてのハワイではクジラはそれほど大きな関心はもたれなかった。冬場に訪れ、春を告げる頃には去っていく、いわばゲストのような存在だったとされる。

　ハワイの海生哺乳類としてはこのほかに、ハワイ名をナイ・アと呼ぶハシナガイルカ（スピナー・ドルフィン）やネズミイルカ（ハーバー・ポーパス）などが知られている(*1)。

*1　ナイ・アはネズミイルカを指すことが多いが、イルカ一般も同じように呼ばれる。

ザトウクジラ

「サメの神」とは誰？

サメ信仰

　ハワイの近海には確認されているだけで15種類のサメが生息する。ハワイ語でマノと呼ばれるサメは、大型のサメ一般を指し、性質の温厚なものはマノ・イア、獰猛なものはマノ・ハエと呼び分けた。

　海で暮らしを立てる者にとってサメは恐怖の対象だったが、同時にその力は、人々を守る象徴ともなった。なかでも巨大な歯にはマナ（霊的な力）が宿るといわれ、護符のように扱われた。

　釣り上げたサメから歯を取り除いたあとの肉は、切り分けてキー（ティ）の葉で包み、砕いたアヴァと少量の水を混ぜ合わせてヒョウタンに入れ、保存食とした。

　サメの皮はフラの儀式に最も重要な楽器とされるパフの表皮として用いられた。歯は護符用のレイ（ニホ・パラオア）として用いたほか、棍棒のような武器（ニホ・オキ）にもなった。

サメの神

　火の女神ペレには6人の兄弟と5人の姉妹がいた(*1)。サメの神である長兄のカーモホアリイはハワイ島のワイピオに住み、ときおりサメに変身して泳いだ。彼は美しい女性と出会って結ばれ、ナナウエという子どもを授かる。ナナウエは成長するにつれて凶暴なサメの本性が現われ、村人を襲うようになった。ついにナナウエは捕まるが、なんとか脱出してほかの島へ行く。しかし、そこでも同じことを繰り返し、最後には殺されてしまう。この種の物語は、細部は異なるものの、ハワイ諸島各地に残されている。その背景には、サメによる被害の多発があったのだろう。

*1　兄弟姉妹の数については諸説ある。

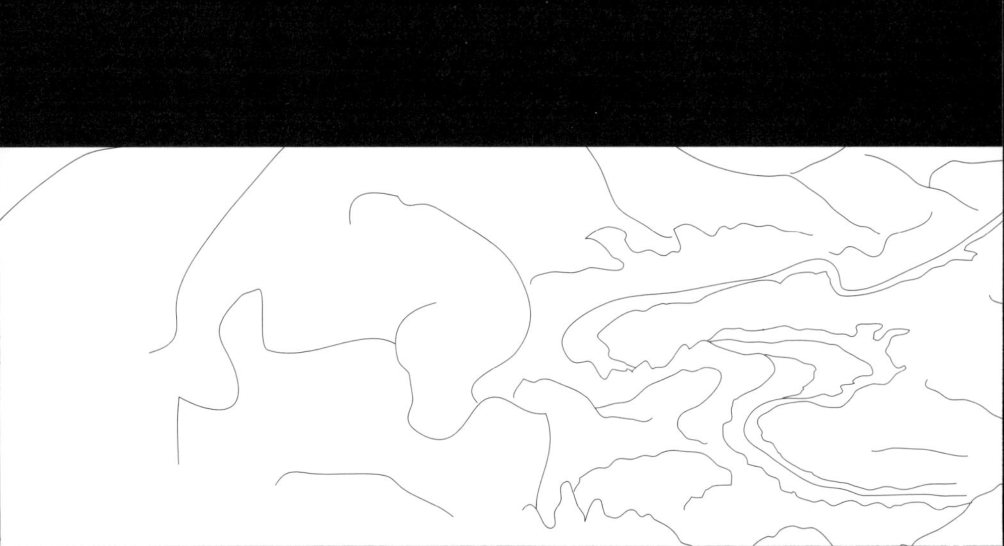

HAWAIIAN SPIRIT

伝統文化

ピカケのレイは誰に捧げられたもの？

レイ

　ポリネシアの島々では神の怒りを鎮め、悪霊を祓う目的でレイが用いられた。マナが封じ込められているとされる貝や海藻、木、羽毛、頭髪、紙、石、骨などが素材となった。マナとは霊的な力で、サメやマッコウクジラの歯、王の骨と髪などには、特に強いマナが宿るとされた。

　ハワイでも当初はポリネシアの伝統に沿ったレイが主流だったが、やがて花が用いられはじめ、19世紀以降は広く定着していった。

　ハワイで最も古い歴史をもつ植物のレイはマイレの葉だとされる。葉のレイは中国やインドから伝わり、ジャスミンなど、花を用いたレイは南アジアから伝わったようだ。ハワイでは太古より、祭壇に供えられる植物は香りが重んじられた。マイレやジャスミンなどが最初に用いられたのはそのような背景があるからかもしれない。

　レイに用いられる植物にはそれぞれ固有の意味がある。マイレのレイは、戦いの休止や終了の印として、あるいは結婚式で用いられた。キー（ティ）は厄よけ、ポフエフエは漁に際して用いられ、ピカケはフラの女神ラカに捧げられた。

　その後、親愛を表わす手段として、誕生日や冠婚葬祭、祭日、ハワイを訪れる観光客などに贈られるようになった。ちなみに、観光客にレイを贈る習慣は、船でハワイ諸島に到着した客を歓迎するため、カヌーに積んで下船時に渡したのが最初だといわれている。今日では、レイの素材は花に限らず、実や葉、鳥の羽毛、リボン、キャンディ、ゴルフボール、紙幣など、首にかけられるものはなんでも利用されるようになった。

　5月1日に行なわれるメーデーにちなみ、ハワイでは1928年よりレイ・デーが開催される。現在の会場はホノルルのカピオラニ公園で、創作レイのコンテストも行なわれる。

レイの種類

　一種類の花で作られるシンプルなレイはクイ・レイ、編み込みタイプのレイはヒリ・レイ、数種類の花で華麗に演出したものはハク・レイと呼ばれ、頭に着けるレイはレイ・ポ・オ、首にかけるレイはレイ・アー・イー、腕や足首に着けるレイはクーペ・エと呼ばれる。このほかに帽子や服を飾りたてるコサージュ（プア・オーモウ）のようなレイもある。

　シンボル・カラーともなっている各島のレイは、オアフ島が高貴な色とされるイリマのイエローオレンジ、モロカイ島がハワイ州の木でもあるククイのシルバー・グリーン、ハワイ島が火の女神ペレを象徴するオヒア・レフアの赤、マウイ島がロケラニのディープピンク、ラナイ島がカウナオアのオレンジゴールド、カウアイ島がモキハナの紫となっている(*1)。

*1　ニイハウ島はププと呼ばれる白い貝が用いられる。

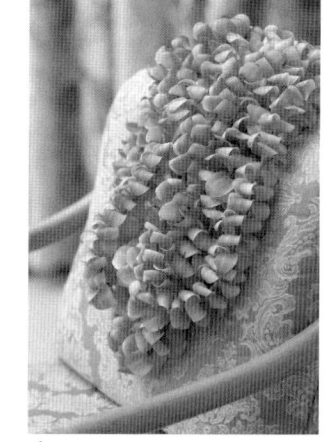

プルメリアのレイ

ハワイアンキルトが流行したきっかけは？

🌴 ハワイアンキルト

　ハワイ王朝初期の1820年、キー（ティ）のスカートを身にまとったハワイ王室の女性ふたりがサディアス号という帆船に招待され、宣教師の妻たちが主催するキルトの集いに加わった。これが先住ハワイ人が最初に体験したキルトだといわれる。もっとも、ふたりが体験したのはアメリカ本土で普及していたパッチワーク・スタイルだった。彼女たちは端布（はぎれ）の持ち合わせがなかったため、大きな布地を切ってパッチワーク用とした。しかし、ハワイの女性たちにとって、布を小さく切ってからまた縫い合わせるという手法は、時間と貴重な布の浪費にしか映らなかった。加えて、布地を重ね合わせるのは暑苦しいという感覚もあったようだ。

　当時のハワイでは植物の繊維から作ったポリネシア独自の生地であるカパ（タパ）が主流だった。そこで、宣教師の妻たちは、カパに用いられたデザインをパッチワークに転用した。生地を4分の1、あるいは8分の1に折りたたんでからカットするシンメトリカルな手法や、2色を基本とするパターン、エコーと呼ばれる波のようなライン取りの手法（フムラウ）などはこの頃に確立した。ハワイアンキルトのうち、アップリケを縫い付けたものをハワイ語でカパ・ラウというが、カパは生地、ラウはパターンを意味する(*1)。

　1873年にハワイを訪れた英国の旅行作家イザベラ・バード(→P.122)は、ハワイアンキルトが芸術作品としてもすばらしいものだと自著(*2)のなかで語っている。

　クーデターを起こそうとした容疑で王宮に幽閉されたハワイ王朝最後の女王リリ・ウオカラニも、侍女とともにキルトを縫ったことで知られる。彼女が縫ったキルトは今も王宮に展示されている。

　19世紀後半、ハワイがアメリカ合衆国へ強制的に組み込まれると、王国への忠誠心やノスタルジーを反映してか、ハワイ国旗や、ハワイの象徴といえる木や花がキルトのモチーフとされるようになった。ホノルルのビショップ博物館には、オヒア・レフアの花やモキハナの実、ウレイの実などを素材とした当時のハワイアンキルト

が展示されている。

　自然の素材を大胆にデザイン化したシンプルなキルト・デザインは、木の葉のシルエットに触発されたという説や、白いシーツに映し出された花のシルエットを写し取ったのが始まりとの説があるが、ハワイ人のアイデンティティの危機意識が、ハワイの自然を表わす素朴なデザインを普及させた可能性もある。

　今日のキルトブームを決定的にしたのは、1930年代から40年代にかけ、ホノルル・スター・ブレティン紙がホノルル美術館で主催した作品展だといわれる。これを機に、それまでハワイ人女性だけの趣味でしかなかったハワイアンキルトは広くハワイ社会に浸透していった。

*1　ラウには「葉」という意味もあるが、ここでは「型（パターン）」の意味
*2　『イザベラ・バードのハワイ紀行』(The Hawaiian Archipelago: Six Months among the Palm Groves, Coral Reefs and Volcanoes of the Sandwich Islands)

ハワイアンキルト

ハワイアン・ジュエリーの正式名称は？

🌴 ハワイアン・ジュエリー

　ハワイアン・ジュエリーとはハワイアン・エアルーム・ジュエリー（Hawaiian Heirloom Jewelry）を省略した言葉で、「代々受け継がれていく大切な宝石」という意味がある。ハワイアン・ジュエリーの起源についてはいくつかの説あるが、いずれもリリ・ウオカラニ女王にまつわるものだ。

　1887年、リリ・ウオカラニ王女は、カピオラニ妃とともにイギリスを訪れた。このときふたりは英王室よりゴールドのブレスレットを贈られた。ブレスレットにはカピオラニ妃とリリ・ウオカラニ王女の名前が黒のエナメルで刻まれていた。ブレスレットの美しさと、刻まれた言葉に感激したふたりは、王国に戻ると、職人たちに同じようなブレスレットの製作を命じた。今日のハワイアン・ジュエリーに刻まれる文字やデザインの基本は、このときのブレスレット・デザインを基にしているとされる。

　これとは別の説もある。1861年、英国のヴィクトリア女王の夫であるアルバート王子が死去したとき、その死を悼んだリリ・ウオカラニ王女は、王子の喪に服すため、金のブレスレットに黒のエナメルで「ホオマナオ・マウ（永久の想い出）」と刻んだブレスレットを作らせたという。女王はこのほかにも、「アロハ・オエ」と刻まれたブレスレットを恩師のゾイ・アトキンソンに贈ったが、このとき、イギリス王家の伝統的なデザインを踏襲し、以後、これがハワイアン・ジュエリーのデザインの基本となったとされる。

ハワイアン・ジュエリー

ラウハラから作られる道具が多いのはなぜ？

ラウハラ

　ラウハラとは、タコノキ（ハラ）の葉（ラウ）を用いた編み細工で、古くから人々の暮らしに不可欠なものだった。葉は青いものと、紅葉して淡褐色になったものの両方が用いられる。いずれの葉も数日水に浸けてしなやかにした後、トゲのある両脇をカットして等幅のベルト状にし、葉の基部（パオ・ラウ）と先端（ウェレ・ラウ）を切り落として使用する。葉を編むときは同じ淡褐色を用いる場合でも、明るめの色の葉と暗めの色の葉を相互に編み込んでいく。染色（ワイ・エレ）は、淡褐色の葉はそのままの状態で、まだ青い葉は火にかざしてしおれさせ、明るく変色させてから、ミロやククイなどから採れる染料を用いて行なわれた。

　マット（カパ）や、うちわ、バスケット、魚を捕らえる仕掛け、サンダル、ベッドカバーなど、ラウハラから作られる道具が数多くあるのは、ラウハラに厄よけの効果があると信じられていたためだ。

　ラウハラでカパを織るとき、かつてはいくつかの植物をミックスして作った。一緒に使われた素材として、タコノキの仲間であるイエ・イエやマカロア（カヤツリグサの仲間）などが知られている。ラウハラはハワイ文化の一部として定着していたが、19世紀にコットンやレザーなどの素材が現われると、次第に表舞台から姿を消していき、今日では文化施設のデモンストレーションやみやげ物として見られるのみとなった。

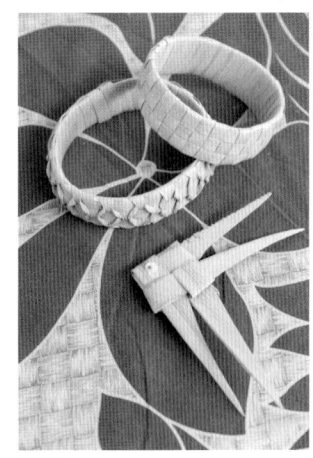

ラウハラ

アロハシャツの原型になったのは？

ハワイアンシャツ

　1910年代から1920年代にかけ、日系人の多くはサトウキビ畑やパイナップル畑で働いていた。そのとき作業着として使用したのは、パラカという紺を主体としたチェック柄のジャケットだった。パラカの原型は当時、合衆国西部の開拓者が着ていたデニム素材などの丈夫な綿ジャケットで、パンツの中に入れず外に出した状態で着ていた。

　当時の日系移民がこの綿ジャケットを愛用したのは、比較的地味な色合いとデザインに、絣（かすり）のイメージを重ね合わせたからではないかという。これらはほとんどが手作りだったが、1922年には和服を流用した既製品が登場した。もっとも、着物は当時の現地ではきわめて貴重なものであり、そのうえ、遠い異国の地では大切な思い出の品でもあった。そこで彼らは綿や縮緬の着物、つまりは浴衣地のようなものを多く利用した。和服とは異なり、浴衣地は白地に藍色や朱といった落ち着いた柄が多い。初期のシャツはほとんどが地味なデザインだったという。

　パラカの誕生と前後してムサシ屋商店（Musashiya）や、エルシー・ダースなどが経営するハワイアン・オリジナルといった小さな仕立屋が、パラカをアレンジした今日のハワイアンシャツの原型ともいうべきシャツを売り出すようになった。これには浴衣地ばかりでなく、メインランドで大量生産されるプリント地も使用された。

　アロハシャツという言葉が公にされたのは1935年6月、ホノルル・アドバタイザー紙にムサシ屋商店が掲載した広告が最初だといわれている。その翌年の1936年、エラリー・チャンという中国系アメリカ人がアロハシャツを商標登録。彼は日本製の浴衣地をムサシ屋商店やウォングス・プロダクツに依頼し、これをロイヤル・ハワイアン・ホテルなどで売り出した。安いものは1ドル前後で購入することができたという。デザインは日本の浴衣柄のものや、ポリネシア調のものが多かった。ハワイにはそれまで作業着しか大量生産されておらず、趣味性の強いものはほとんどがテーラーメイドや自家製だったこともあり、ハワイアンシャツの登場はとても新鮮だった。この

時期に誕生して現在に至る専業メーカーとしては、カメハメハ衣料店やブランフリート（後のカハラ）などがある。戦後の1940年代後半、進駐軍は柄の派手な友禅を購入し、これをハワイに持ち込んでシャツを作った。これが、今日に至る和柄のハワイアンシャツの原型となったという説もある。

　ハワイアンシャツが大量生産されるようになると、プリント地はほとんどがカリフォルニアなどで生産されるようになり、和柄のものよりはポリネシア風のデザインが多くなった。エキゾチックなデザインはメインランドのアメリカ人に評価され、特にハリウッドの人気俳優が着ることでハワイアンシャツの人気に火が点いた。ブームは遠く日本にまで及び、1940年代末の東京ではリーゼントヘアと並んで「アロハシャツ」がブームとなった。

　当初、ハワイアンシャツはリゾートウエアやスポーツウエアでしかなかったが、50年代に入るとフォーマルウエアとして認められるようになっていく。1951年に『Life』の表紙を飾ったトルーマン大統領のハワイアンシャツ姿は「ハワイではハワイアンシャツ」という大きな流れをつくったといえるだろう。ハワイアンシャツはこのようにして名実ともにハワイ州民のユニフォームともいうべき「顔」となっていった。

ハワイアンシャツ

古代ハワイにあったリサイクル方法とは？

🌴 アフプア・ア

　ハワイ諸島は山々の裾野が海岸線まで延び、尾根が平地を隔てている。尾根と尾根に挟まれた細長い土地はアフプア・アと呼ばれ、人々はアフプア・アごとに集落をつくって暮らした。

　ハワイの島々はそれぞれモクプニと呼ばれ、アリイ・ヌイ（大首長）が治めた。アリイ・ヌイはモクプニを、モクと呼ばれる地域に分割し、アリイ・アイ・モクと呼ばれる下位の首長たちに分け与えた。アリイ・アイ・モクは、モクをさらに分割し、アフプア・アという単位に分け、アリイ・アイ・モクが任命したアリイ・アイ・アフプア・アに統治させた。

　アフプア・アは、原則的に両端の境界は尾根、または石壁（アフ）で仕切られ、境界線にはブタ（プア・ア）の置物が置かれた。アフプア・アの領土内には川が流れていることが原則だが、場所によっては水量が足りない場合もあった。十分な水を確保できない土地ではアフプア・アの領土は広く、潤沢に水を確保でき、耕作に向いている土地は細分化された(*1)。しかし、自然条件のよい土地は身分の高い人々に独占される傾向にあった。

　どれほど広大な土地を割り当てられても、自然環境や毎年の天候には違いがあり、ハワイ島のワイピオ渓谷やワイマヌ渓谷のように安定して豊かな土地は少なかった。18世紀末にハワイ島を訪れたキャプテン・クックは、航海日誌に次のように記している。

　「取り引きするものを何も持たずにやって来るカヌーもたくさんあった。（ハワイ）島のこの地区はひどく貧しいようだ…（中略）…何度か行きつ戻りつしたが、収穫物を得ることはできなかった…」

　カメハメハ王朝以前のハワイ諸島には貨幣経済がなく、土地を所有するという概念もなかった。すべては大首長のもので、彼が死ぬと、土地の所有者とそれを借り受ける者の関係はいったん失効し、新たに即位した大首長がすべての土地を再

度分配した。その結果、アフプア・アは土地の区割り自体が変更されることもあった。

　アフプア・アの源流部には、アリイ・アイ・アフプア・ア以外は立ち入ることができなかった。上流部は飲料水用に確保し、中流部にはカロ水田（ロ・イ）が造られた。下流域の、海に面した土地には集落がつくられた。集落には男たちが村の運営を行なうための会議小屋や、カヌーを保管するカヌー小屋などが造られた。その先には狭い海岸があった。漁場は海岸線の幅によって決められ、漁はその範囲で行なわれた。

　アフプア・アは今日の暮らしに多くの示唆を与える。ここでは農作物や魚だけでなく、家や衣服、カヌーに至るまで、すべての生活必需品を領地内で作らなければならなかった。また、汚水をそのまま海に流すと自分たちの漁場が汚染されるため、海岸の手前を土盛りし、濁った水をいったん地下に潜らせて濾し、その後に海に流すという工夫もしている。ある意味で、古代ハワイは徹底したリサイクル社会だったといえるだろう。

*1　広大なアフプア・アは、さらにイリ・アイナと呼ばれる区画に小分けされ、海側と山側の集落に分かれて分業が行なわれた。

ロ・イ（タロイモ水田）

養殖池を造ったきっかけは？

🌴 フィッシュ・ポンド（ロコ・イア）

　ハワイにはさまざまなカプ（戒律）があった。日常の食糧である魚も例外ではなかった。アリイであっても、カプを無視することはできなかった。カプは海の魚に対して規定されることが多かったため、アリイは魚の養殖池（フィッシュ・ポンド）を造って魚を確保した。

　フィッシュ・ポンドは川に造られる場合もあったが、そのほとんどは遠浅の海を利用して造られた。山から溶岩を運び出して半円状に浅瀬に積み上げたあと、石壁の数カ所を周囲より少し低くして満潮時の海面の高さにした。満潮になると石壁の窪みから魚が入ってくるが、出ることはできない仕組みになっている。大型の生け簀ともいえるフィッシュ・ポンドを通じて、ハワイの人々は一定量の魚を確保した。

　フィッシュ・ポンドは生け簀としての役割だけでなく、アリイのような特権階級だけが口にできる魚を安定的に確保するための養殖池としての役割も担った。

　今日、フィッシュ・ポンドの大半は消失したが、1970年代になると伝統文化の復活運動の一環として多くのフィッシュ・ポンドが再建された。なかでもモロカイ島では、最盛期に70以上あったフィッシュ・ポンドのうち、10個以上が復元され、教育体験や日常的な漁に利用されている。

フィッシュ・ポンド

岩に刻んで描かれた絵を何という？

ペトログリフ（キ・イ・ポーハク）

　ハワイの島々には先住民が岩を刻んで描いたペトログリフと呼ばれる絵が残されている。表面が滑らかな溶岩や、洞窟などの壁面などを硬い石で削り取り、さまざまなデザインが描かれている。いずれもシンプルさが特徴だ。ペトログリフはハワイに特有のものというわけではなく、ユーラシア大陸やオセアニア、アフリカなど、日本を含む世界各地に見られる。

　ハワイのペトログリフには大きく分けて3つのパターンがある。ひとつは人を描いたもので、最も多く見られるものだ。時代によって描き方に特徴があり、同じように見えるものでも意味合いは異なる。子どもの誕生や家族構成、家系などを記録したものもある。ふたつめは同心円を描いたもので、円の中心には赤ん坊の健康を祈願して、へその緒が置かれた。マウナ・ケアの標高4000m付近にワイ・アウという湖があり、赤ん坊が生まれると、母親はこの湖まで登ってへその緒（ピコ）を投げ入れ、健康を祈願したという。一重の円は星や星座などを表わしている。もうひとつは、碁盤の目状に穴を開けたもので、これは陣取りに似たゲームの台となった。黒石には溶岩、白石にはサンゴが用いられた。

　ペトログリフは、文字を持たなかったハワイアンにとって象形文字のような役割を担っていたのではないかという説もある。ホノルルのビショップ博物館では、博物館の設立当初から全島規模でペトログリフの分布を細かく調査し、数千ともいわれる全遺跡の資料を保管している。

ペトログリフ

ハワイでフラが誕生したのはなぜ？

フラ

　フラは先住の人々の故郷であったポリネシアの島々に伝わる踊りに源を発するが、ハワイの自然のなかで、どの島とも異なる独自の進化を遂げてきた。

　ポリネシアの島々には文字がなかったため、歴史上の大切な事柄はすべて祈りに込めて伝えられた。ハワイではカフナ（神官）がオリ（詠唱）を通じて神に人々の気持ちを伝え、あるいは神の言葉を人々に伝えた。祈りは単なる信仰の証としてだけでなく、歴代の首長の物語や島の重要な出来事などを伝える叙事詩的な役割も兼ね備えていた。カフナはオリによって歴史を記憶（記録）し、人々に伝え続けた。

　やがて、祈りはより大きな効果を演出するようになった。祈りの言葉はリズムや抑揚をもち、拍子をとる道具（楽器）が用いられ、さらには踊りが導入されたと考えることができる。フラはこのようにして誕生したのではないだろうか。

　フラのもつ高い様式美はやがて宗教儀式の一部という枠を超え、フラそのものが祈りであり、哲学であり、歴史を記録し、あるいは伝達する重要な表現様式へと進化していった。趣味としての踊りや、戦闘を様式化した儀式のようなものもフラの一形態として広まっていった。フラは人々の暮らしのあらゆる場面に深く関わり、ハワイの文化に重要な役割を果たすようになっていった。

フラ

フラの先生を何という?

ハーラウ(フラの修得)

　フラの練習は集落のなかで最も大きな建物であるカヌー小屋で踊られることが多かった。ハーラウには「大きな建物」とか「集会所」という意味がある。フラの人気が高まると、それを教える教師(クム・フラ)と、フラの学校(ハーラウ・フラ)が誕生した。

　ハーラウは神聖な場所とされた。カヌーやキ・イ(神像)を製作したり、集落の会議を開くなど、大切な事柄だけが行なわれるところで、女性は入ることを許されなかった。このことからもわかるように、当初、フラは一定年齢までの男性によってのみ踊られるものだった(*1)。

　フラは基本的には神に捧げる踊りであるから、クム・フラは技術だけでなく精神面での修練を弟子たちに求めた。ハーラウはやがて、より聖なる場所を求めて森の奥深い場所に移され、弟子たちの修行もさまざまなカプ(規則)によって規制されるようになった。弟子たちはハウマーナ・フラ・カプ(聖なるフラを修得する弟子)と見なされたためだ。訓練は精神的にも肉体的にもきわめて厳しいものだった。

　ハーラウ・フラは、絶対的な権威をもつ教師のクムと、クムの助手として働き、クムが不在のときは代理をするコークア(コークア・クム)、生徒の世話役的存在のアラカイ(カーコオ)などによって構成された。また、楽器を担当するホ・オパ・アは、ときにクムが受け持った。踊り手はオーラパと呼ばれる。

*1　記録に残る最も古いフラは、キャプテン・クック一行が1779年1月25日に記したものだが、そこには女性の踊り手が登場する。

ハーラウ・フラ

イエイエの花に生まれ変わったのは？

🌴 フラの祭壇

　ハーラウにはクアフと呼ばれる祭壇が設けられ、定められた植物が捧げられた。フラの修練は祈りで始まり、祈りで終わる。クアフの中央にはカパ(*1)に包まれたラマ（黒檀の一種）が置かれた。この植物はフラの女神であるラカが姿を変えたもの(*2)と信じられたためだ。祭壇にはこのほかに、マイレ、ハラペペ、イエ・イエ、キー（ティ）、オヒア・レフア、オヘロ、パラパライなどが供えられた。これらの花を森で摘み取るときにはチャント（詠唱）が唱えられた。女神ラカの司る森の命を摘み取ることに対し、許しを乞うためのものだ。摘んだ植物を処分するときは、川の淵に沈め、ラカに感謝の祈りを捧げた。

■マイレ
　マイレ4姉妹（マイレ・ハ・イ・ワレ、マイレ・カルヘア、マイレ・ラウリ・イ、マイレ・パーカハ）へ捧げられる。花は小さいが樹液にはバラのような香りがある。女神ラカはマイレを自由に操ったといわれる。

■オヒア・レフア
　女神ラカに捧げられる。ハワイ島の木で、赤いボンボン状の花が特徴。

■ハラペペ
　女神カポに捧げられる。とても柔らかな木で、キ・イ（神像）を彫るのに用いられた。淡黄色の花はレイに用いられた。

■パラパライ（パライ、パライ・ウラ）
　女神ヒイアカに捧げられる。葉は香りがよく、フラの舞台装飾やレイの素材として用いられる。ペレの末妹である女神ヒイアカが腰当てにしたともいわれる。

■イエ・イエ
　ラウカイエイエに捧げられる。ラウカイエイエという名の女性が死んでイエ・イエの花に生まれ変わり、女神ヒナに見守られながら森を鮮やかに彩ったとされる。

*1　樹皮の繊維で織られた布地の一種。
*2　神があるものに形を変えたもの（化身）はキノラウと呼ばれた。

「アウアナ」にはどんな意味がある？

祈りの言葉（オリ）と歌（メレ）

　神に捧げられる祈りはオリ（チャント・詠唱）と呼ばれ、カフナ（神官）によって唱えられた。祈りの言葉には約束事があり、長いフレーズであってもひと息で唱え、フレーズの最後は音を震わせて伸ばすと定められていた。オリのうち、節回しをもつものはメレ・オリ（詩歌の詠唱）と呼ばれた。

　時代が下ると、オリは宗教的な事柄だけでなく、王朝史（メレ・コイ・ホヌア）や哀歌（メレ・カニカウ）、主要な出来事などもうたわれるようになる。やがて、メレは宗教的な事柄だけでなく、英雄伝説、王朝の系譜や自然界のさまざまな現象をうたうようになった。

　メレのうち、踊りや楽器の演奏を伴うものはメレ・フラと呼ばれ、踊りを伴わないメレ・オリと区別されるようになる。メレ・フラを演じる者は高度な身体表現を身につけ、見る者に強い印象を与えるようになった。やがてメレ・フラもオリと同じく、ヘイアウ（神殿）での宗教的儀式にとどまらず、一般大衆へと深く広がりはじめた。今日、伝統的なハワイ語の歌は、歌詞を繰り返すものが多いが、繰り返しによって聞く者にしっかりと言葉を記憶させるという意図もあるようだ。メレ・オリはこのようにしてハワイの文化全般を記録し、後世に伝える重要な役割を担いはじめたのだった。

古代のフラ

アウアナとカヒコ

　伝統的なフラはカヒコと呼ばれるが、カヒコには「太古の」といった意味がある。ハーラウでフラを学び、修得した知識と技術をハワイの神々に捧げた。したがって、踊りだけでなく、チャントを唱えたり楽器を奏でるなど、その他の伝統文化の修得も

含まれる。フラの原型は、ポリネシア人がハワイへ移り住んだ1000年以上昔から存在したが、今日使われるカヒコという言葉は1970年代にそれまでに消滅したものも含め、数ある伝統的なフラを総称して名づけられたものだ。

　これに対してアウアナには「旧来の約束事から解き放たれた」という意味がある。カヒコとは異なり、信仰的な意味合いはないので、美しく着飾ったり、流行歌を取り入れることもある。アウアナは観光客受けするものに改変したのがきっかけで、伝統とかけ離れた軽薄なものと受け止める風潮もある。だが、アウアナの源流はカラーカウア王の考案に端を発するとの説もある。そもそもカヒコとして知られるフラのなかには、楽しみのために踊られるものもあったのだから、アウアナ・フラとカヒコ・フラは両立すべきものだといえる。

　今日、たとえばメリー・モナークのような権威のある競技会においても、アウアナとカヒコは芸術的な観点からは何ら異なる点はない。いずれのフラも、知識と技術に対するたゆまない努力の結晶が等しく評価されている。

現代の祈り

メリー・モナーク・フェスティバル（2005年）

ヒイアカは誰の妹？

フラの女神

■ラカ

ハワイに伝わる伝承によれば、ラカはフラの女神であるとともに、森の女神でもあった。ラカは母のカポからフラとチャントを教わると、ニイハウ島で姉妹たちに踊りを披露した。カウアイ島の北海岸にはラカのハーラウ（フラの学校）跡があり、フラを学ぶ者たちにとっては聖地のひとつとされる。

■ケヴェラニ

ケヴェラニは姉のカポとともにタヒチからハワイを訪れた。彼女がニイハウ島でフラ・キイ（物まねの踊り）というコミカルなフラを踊ると、人々は大いに喜び、またたく間に島中に広まったという。

■ヒイアカ

ヒイアカ・イカポリオ・ペレは、火の女神ペレの末妹。ハワイ島のプナ地区でフラの名手であるホーポエと出会い、フラとメレ（歌）を教わる。彼女はフラを踊る際の手足の動きを、チャント（詠唱）に織り込んで人々に披露し、諸島全体に広めた。

■カポ（カポ・ウラ・キナウ）

ラカの母親でモロカイ島に住む女神。ペレと同じく、ハウメア神の娘という説もある。かつてはカポをフラの女神とするハーラウもあった。フラの流儀のひとつであるフラ・キイは、カポによって、ニイハウ島から広まったという説がある。彼女は島々を渡り歩いてフラを教え、最後にモロカイ島に落ち着いて島民にフラを教えたとされる。

戦いの神クーを祀ったヘイアウは？

ヘイアウ

　ヘイアウとはポリネシア地域に広く見られる神殿の一種で、神官（カフナ）による祈祷と、それに伴うさまざまな儀式（クヒキヒ）が行なわれた。ヘイアウはマルケサスやタヒチの宗教思想を背景としている。これらの島には人身御供を含む厳しい戒律が存在したが、当初、ハワイは比較的緩やかな戒律のもとにあった。しかし、11世紀頃にサモアからパーアオが訪れて以降、人身御供を含むカプ（戒律）は厳格に実施されるようになった。

ヘイアウの設備

　ヘイアウは石（ポーハク）を敷きつめた土台（カーフア）の上に建立された。石には強いマナ（霊力）が宿ると信じられ、ヘイアウだけでなく、一般庶民も家の敷地にマナの宿る巨石（ポーハク・オ・カーネ）を置いた。タヒチやマルケサスでは石の土台が何層にも重なっていることがあるが、ハワイでは2段から3段のものが多い。ヘイアウ内部には、カフナが神のお告げを聞く神託の塔（アヌ・ウ）をはじめ、供物を置く台（レレ）、儀式に用いる太鼓（パフ）の保管室（ハレ・パフ）、ヘイアウの火を絶やさないようにするための竈室（ハレ・ウム）、首長（アリイ）やカフナが儀式のなかで食事をとったり儀式に用いる品物を保管する建物（ハレ・マナ）などが設けられた。外周にはヘイアウを監視する役割をもつ神像の彫刻（キ・イ）が配された。ヘイアウの敷地はカフア、敷石部分はキーパパなどと呼ばれた。

ヘイアウの種類

　ヘイアウにはその目的に応じて次のようなものがあった。
■ルアキニ・ヘイアウ
　人身御供が行なわれるヘイアウ。戦いの神クーが祀られた。このヘイアウのカフナはカナルと呼ばれた。

■マーペレ・ヘイアウ

　草葺き小屋を設置し、豊饒の神ロノを祀った。捧げ物にはブタが用いられる。ロノを祀るヘイアウでは人身御供を行なうことはできなかった。

■プウ・ホヌア

　罪を犯した者(*1)や、トラブルに巻き込まれた者の駆け込み寺。戦いが行なわれたときには老人や女子どもの避難場所となった。プウ・ホヌアは「ヘイアウ」とは呼ばないとの説もある。プウ・ホヌアはほかのポリネシア社会にも存在した。

■コア

　戦いの神クー・ウラと、その妻ヒナ・ヘレを祀った。コアはかつて海岸の岩場や砂浜の端に建てられた。漁師たちは豊漁を願ってふたりの神に供物を捧げた。コアは石を積んだだけの簡素な構造で、長辺6〜7m、高さ約2mと規模も小さい。コアの中には石、鳥、動物や魚の骨などをカパや草でくるんだものや、木彫りの像などが安置された。魚の形をした石は、クー・ウラそのものを表わすと考えられていた。季節の最初の漁で獲れた魚はコアに捧げられた。

　このほかにも、女性のための施設や、医術を行なう施設など、さまざまなヘイアウがあった。

*1　罪を犯した者がここまで駆け込むことができれば、一定期間の禊ぎを経て罪を赦された。

ヘイアウ

女性は食べてはいけないとされたフルーツは？

カプ

　初期のハワイの戒律は比較的緩やかなものだったが、11世紀頃に来島したサモアのパーアオは厳格な戒律を広めた。この戒律はカプと呼ばれる。ポリネシア語では、「ta」には「しるしづける」、「bu（pu）」には「強く、重く」という意味があり、「タブー」は「はっきりと定められた」という強い規制の概念を表わす。カプは社会的規範を示すものとしてハワイ社会に植えつけられ、規則に基づく生き方を強いるようになった。カプを犯した者は、最悪の場合、死刑や生け贄にされた。ハワイ王朝が成立したあとも、カメハメハ大王はカプを犯した者数名を死刑に処している。

　アリイが現われたとき、その場にいあわせた平民はひれ伏して、顔を見てはならないとか、アリイに関わる言葉をメレ（歌詞）にしてはならないというように、身分の差に関わるカプが多い。その背景には、身分の高い者ほど強力なマナ（霊的な力）をもっているという信仰があった。そのほかにも、暮らしのあらゆる事柄に関わるカプがあったが、特に女性を対象としたカプが多かった。女性は「男性との食事」「カヌー小屋への入室」「バナナなど特定の食べ物の摂取」「漁具に触れること」「一部を除くヘイアウへの立ち入り」など、きわめて多くの事柄をカプ（禁止）とされた。

　1819年にカメハメハ大王が亡くなったあと、カプは、クヒナ・ヌイ（摂政）として権力をふるったカアフマヌによって、カメハメハ2世の名のもとに廃止された。このとき、カプの廃止に反発する諸島各地のカフナの機先を制するため、カアフマヌととりまきはカメハメハ2世に女性と一緒に食事をさせるなど、あえてカプを破ってみせ、神の怒りのないことを証明してみせた。カフナの力はまたたく間に地に落ち、各地のヘイアウはことごとく破壊された。

今日では「立入禁止」の意味で用いられることが多い。

クックの骨を保管したのはなぜ？

マナ

　ハワイの人々はマナと呼ばれる霊的な力を信じた。マナは森羅万象に宿るエネルギーのようなもので、つねに身の回りに満ちている。また、身分の高い者や強い力をもつ者により多くのマナが宿ると信じられた。人は死んでも、マナは骨の中に宿ると考えられたため、キャプテン・クックがハワイ島で殺害されたとき、人々は彼の体から肉をそぎ落として骨を保管した。

　マナが強い者は五感が発達し、精神力も優れていると信じられた。最強のマナをもつのはアリイ・ヌイ（大首長）やカフナ・ヌイ（大祭司）とされる。彼らはマナそのものを操り、アウマクア（先祖の霊）と交流することもできた。このような力は、血を分けた子どもたちに連綿と受け継がれていくと信じられたため、首長階級では近親婚が重んじられた。

ホオマナマナ
　信仰に関わる事柄は「ポノ（聖なるもの）」であり、「ホオマナマナ（崇拝）」の対象となる。カフナは生きているものの中に、ウニヒピリ（潜在意識）、ウハネ（霊的な魂）、アウマクア（相反するものが醸し出す調和）(*1)という、3種類の魂を見ることができた。肉体を持つ現実世界と魂の世界とは相互に深く関わっており、カフナはふたつの世界がもつマナを互いに呼び寄せ、融合させる能力をもつとされた。

*1　先祖の霊としてのアウマクアと同音異義。「男と女」「光と陰」「陰と陽」などを意味する。

「ホクレア」の意味は？

カヌー文化とホクレア

　その昔、中国南部からインドシナにかけて海を生活の場とした人々がいた。彼らは船を使い、海岸から海岸へ、島から島へと移動して交易を行なった。そのような祖先を持つと推測されるポリネシア人は、数千キロメートルも離れた島と島の間を、小さなカヌーで行き来した。ポリネシアの人々には海洋民族の血が流れ、カヌーには彼らの文化が詰め込まれている(*1)。ポリネシア人は海洋民族として長距離航海の技術と伝統を磨きながら、体そのものを長距離航海に耐えるように進化させていった。

　しかし、クックが来島した18世紀末には、ハワイだけでなく、ポリネシア全域で長距離航海の文化は消え失せていた。1970年代に入るとハワイの伝統文化を復興させようとする社会現象（ハワイアン・ルネサンス）が起こり、そのひとつとして、長距離航海用のカヌーを復元してタヒチやマルケサスまで実験航海を行なうことが決まった。

　カヌー建造の中心的役割を果たしたのはポリネシア航海協会で、ハワイ文化に関わる多くの人々がこれに参加した。しかし、航海を行なうには大きな問題があった。長距離航海の知識をもつ者が、ポリネシアのどこにもいなかったのだ。そのため、ミクロネシアのカロリン諸島に残されていた航海術の修得者であるマウ・ピアイルック（ピアイルグ）に指導を仰ぐことになった。

　1975年、完成したカヌーはホクレア（幸せ（喜び）の星）と名づけられた(*2)。ハワイの人々を含め、広くポリネシアに残る共通の文化を表わすシンボル的な意味合いが、この名に込められている。

　翌年5月、マウ・ピアイルックをはじめとする総勢15名が乗り込み、ホクレアはタヒチへの4000kmにわたる航海を開始した。ピアイルックは月や星、海流や波の形、雲や風を読み取り、的確にカヌーを南へと進めていった。そして33日後、タヒチにたどり着いたのだった。この成功は、ハワイはもちろん、ポリネシアのすべての人々に

とって歴史的な快挙だった。

　1979年、ビショップ博物館の篠遠喜彦博士はソサイエティ諸島のフアヒネ島で全長25mの古代カヌーを発掘。この発見は、後の伝統カヌーの建造や、ポリネシア航海協会の活動に大きな示唆を与えた。その後、協会の中心的な役割を演じるナイノア・トンプソンとともに、ホクレアによる実験航海は太平洋にさまざまなコースを設定して続いている。2007年4～6月、ホクレアはミクロネシアを経由して日本を訪れた。沖縄の糸満港を皮切りに日系移民になじみの深い県を経由し、かつてカラーカウア王が上陸した横浜まで航海、日系移民に始まるハワイと日本の結びつきを確認するイベントを成功させている。

*1　ハワイを含むポリネシアにはハヴァイイ・ロアの伝説が残されている。ハワイでは、ハヴァイイ・ロアが、マカリイという名の航海士とともにカヌーに乗ってやって来たとされる。
*2　ホクレアとはアルクトゥルスという恒星の名でもある。この恒星は、南中するとハワイの直上に来るため、航海のときハワイの目印となったという説もある。

ハワイ・マリタイムセンターのホクレア号のコーナー

スティーブンソンが著したハワイの書物は？

🌴 ハワイを訪れた作家たち

マーク・トウェイン

『トム・ソーヤーの冒険』や『ハックルベリー・フィンの冒険』で知られる作家マーク・トウェインは、1866年、新聞記者としてハワイに滞在し、当時のハワイ文化を取材した(*1)。最初の西欧人であるキャプテン・クックが来島してからまだ90年ほどのことで、当時の住民のなかには、クックの死にまつわるエピソードを知っている者もいたという。

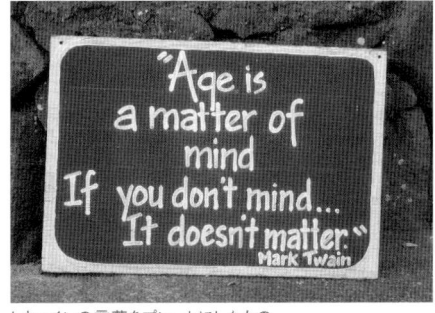

トウェインの言葉をプレートにしたもの

トウェインが最も興味をもったのは、噴火活動の盛んなキラウエア火山だった。ハレマウマウ・クレーターを見て、熔岩のもつ迫力に圧倒されたことを興奮して記している。彼は島々を巡り、マウイ島のイアオ渓谷を「太平洋のヨセミテ」と名づけ、カウアイ島のワイメア渓谷を「太平洋のグランドキャニオン」と名づけている(*2)。そしてハワイ諸島を「大海原に浮かぶ世界で最も美しい島々」と呼んだ。

*1 本名はサミュエル・ラングホーン・クレメンス。帰国後、滞在記をまとめた『ハワイ通信(Letters from Hawaii)』を出版した。
*2 トウェインはカウアイ島を訪れていない。

イザベラ・バード

イザベラ・バード(*1)は虚弱体質だったため、1873年に医者の勧めでハワイを訪れ、半年間滞在した。後にこのときの体験をまとめ、『サンドイッチ諸島の六カ月』という紀行文を執筆している(*2)。

バードは幼少の頃から父とともに馬に乗っていたが、その体験が後年、馬を使った各国での旅につながっていく。彼女はハワイの女性が馬に跨るのを見て驚く。当時は横座りが常識で、跨るのははしたないと考えられていたからだ。彼女は馬に跨ることが横座りよりはるかに楽なことに気づく。そしてキラウエアやマウナ・ロア山頂など、秘境への馬旅を敢行し、己の世界観を変えたのだった。その後、数度にわたる日本滞在をはじめ、朝鮮やチベット、中近東、北アフリカなど、秘境といわれた国々を旅して世界に知られる女流旅行作家の地位を築いた。

イザベラ・バード

*1　本名はイザベラ・ルーシー・バード・ビショップ
*2　トウェインの時代と同じく、ハワイはまだサンドイッチ諸島と呼ばれていた。邦訳は『イザベラ・バードのハワイ紀行』。

スティーヴンソン

　『宝島』や『ジキル博士とハイド氏』などで知られるスティーヴンソン(*1)もイザベラ・バードと同じように体が弱かった。彼は医者の勧めもあって妻とともに太平洋の島々を巡り、1889年と1893年に2度ハワイを訪れている。スティーヴンソンはこのときの体験をもとに、『壜の小鬼』や『ホノルルのドクター・ハイドへの公開状』『声の島』『カイウラニ王女へ』、そして晩年にロイド・オズボーンとの共著で『八つの島』などを著している。ホノルル・マノア地区にあるワイオリ教会の敷地には、彼が滞在中に執筆したとされるわら葺き小屋が移設されている。

*1　本名はロバート・ルイス・バルフォア・スティーヴンソン。

ハワイに文字がもたらされたのはなぜ？

宣教師と白人移民

　1779年にキャプテン・クックがハワイ島を訪れて以降、国際社会の力を見せつけられたカメハメハは白人の持つ軍事力を利用して王国を築いた。その後も王国の維持や外交、教育など、国の管理にかかる莫大な費用を捻出するためのノウハウを得るため、大王は積極的に外国人を雇用した。一方、欧米の列強は布教と自国の影響力増大を図る目的でカメハメハに協力し、多くの宣教師と事業家をハワイへ送り込んで地歩を固めた。

　1819年、大王が亡くなって2世（リホリホ）の時代になると、摂政を行なっていたカアフマヌがカプを禁止すると、伝統宗教の社会的影響力は弱まった。やがて、軍人や宣教師たちとともに多くの白人が来島し、ハワイ社会に大きな影響力を与えはじめる。また、翌1820年にはキリスト教の宣教師団が到来。さらに、文字を持たなかったハワイに文字がもたらされた。これはキリスト教の聖書と讃美歌をハワイ語で印刷するのが目的だった。各地にキリスト教会が建てられたのもこの頃だ。2世やカアフマヌをはじめ、王国の主要人物たちがキリスト教へと改宗し、ハワイ社会は急速に西欧化していった。

　王国は白人たちを国家の重要ポストに就かせるとともに、広大な土地を貸与するなどした。全人口における白人の割合は、19世紀半ばで2％余、20世紀初頭でも7％にすぎなかったが、ハワイ社会は政治・経済の両面で白人社会の強い影響力の下にあった。

多民族社会になったきっかけは？

サトウキビ産業と最初の労働者たち

　カメハメハ大王の時代から国庫を潤したビャクダン貿易が衰退し、その後にサトウキビ産業が勃興すると、ハワイは決定的な労働力不足に直面する。そのため、白人農場主は王国の許可を得て、外国人労働者の導入を始めた。

　経営者が最初に雇用したのは地元住民だった。1835年、アメリカ人のウィリアム・フーパーはホノルルにラッド貿易商社を設立、ラッド社はカメハメハ3世からカウアイ島コロア周辺の土地を借り受け、ハワイ人労働者を雇い入れてサトウキビ農園を開墾した(*1)。その後、1848年にグレート・マヘレと呼ばれる土地の割譲法案が成立する。その背景には、農地を持つ外国人による土地委員会の運動があった。この結果、1890年には全私有地の75％を白人が所有することになり、その後のサトウキビ産業拡大の下地ともなる。

　1850年、王立ハワイ農業協会が設立され、減少しつつある先住民労働者の補填として、中国人労働者の導入が決められた。1880年代に入ると中国移民のハワイ全体の人口に占める割合が4分の1に達したため、中国移民を抑制してポルトガル移民などを奨励した。その後、アジアを中心とする、労働賃金の低い国から継続的に労働者を補填したが、労働者は契約期間を終えると帰国するかホノルルへ移住したので、労働力はつねに不足した。白人経営者は、日本人、朝鮮人、フィリピン人など、より安い労働力と、民族のバランスをとるため、さまざまな国の人々を雇い入れた。それが、今日の多民族社会の土台となった。

*1　コロア (Koloa) には「サトウキビの生い茂る広大な土地」という意味があり、古くから野生化したサトウキビの原野の広がる土地だった。

最初に到着した日系移民集団は
何と呼ばれていたか？

日本人移民

元年者の時代

　ハワイと日本人との交わりに関する最初の記録は、蘭方医である大槻玄沢の『環海異聞』に記されている。1793年、仙台近くの漁師がカムチャツカに漂流し、カメハメハ1世が台頭してきたばかりのハワイに立ち寄ったという。遭難者が救助されてハワイに渡った記録はその後も報告されているが、なかでもよく知られているのは、中浜（ジョン）万次郎だろう。1841年、彼は捕鯨船に助けられた後、ハワイの土を踏んでいる。

　明確な目的をもってハワイへ渡った最初の集団はそれから30年近く後のことだ。当時、カウアイ島では中国人労働者がサトウキビ労働に従事していたが、ハワイ政府は他国の労働力も必要と判断し、その一環として日本人の移民を江戸幕府に打診した。そこで153名の日本人がサトウキビ農園で働くため、イギリス船サイオト号でハワイへ渡った。1868年、明治元年のことだ。このため最初の移民集団は元年者と呼ばれる。

　最初の移民を送り出す際には解決すべき問題がいくつかあった。当時、江戸幕府は開国直後だったために外国公使は少なく、ハワイの公使もいなかった。そこで当時横浜に住んでいたユージン・M・ヴァンリードがハワイ総領事に任命された。彼は350名の移民希望者を申請したが、許可が下りたのは180名に過ぎなかった。同年、江戸は官軍の支配下に入り、幕府の発給した旅券はすべて新政府の旅券と交換することになり、ヴァンリードが苦労して得た旅券はすべて取り上げられてしまった。その後、新旅券が発給されないのに業を煮やしたヴァンリードは、サイオト号に乗り込んでいた移民希望者を自らの判断で出航させた。最初の移民集団はまさに波乱に満ちたスタートを切ったのだった。

　サトウキビ農園の仕事が過酷だったことから日本人労働者の不満が蓄積し、日本政府が乗り出す事態になった。しかし労働の対価は滞ることなく支払われたため、

政府特使の呼びかけに対して帰国したのは43名、3年間の契約終了後に帰国した者は11名にすぎなかった。その後も移民は続き、日本人は次第にハワイの多数を占めるようになるが、官約の移民は1894年に、民約（私約）移民は1900年に終了した。

ハワイ王朝の消滅とサトウキビ産業の衰退

　1893年にリリ・ウオカラニが失脚して臨時政府が立ち上がると、アメリカの意向が強く反映し、外国人移民労働者である日本人や日系人の立場も微妙なものとなっていった。サトウキビ産業がピークを迎え、パイナップル産業も成功を収めると、農園経営者たちはハワイの政治経済に大きな影響力をもちはじめた。1894年、サンフォード・ドールがハワイ共和国大統領に選出されて以降、ハワイは農業から観光業へと少しずつ産業構造を変えはじめ、第二次世界大戦以降に顕著となった。日本人をはじめとする旧来の農園における契約労働的な移民社会は衰退し、移民労働者は農園からホノルルやヒロなどの都市へと移り住んで新しい仕事に就いた。

太平洋戦争と日系人への締めつけ

　20世紀に入ると、日系人はハワイ社会のさまざまな分野に進出したが、合衆国に編入されると日米の紳士協定が成立して日本人移民は自粛となる。そのため、ハワイの日系人は写真のみの見合いで、日本から妻を呼び寄せることが多くなった。やがて日系人の土地購入禁止を経て、1924年に排日移民法が成立、いかなる形でも日本人の移民は認められなくなった。1941年、勃発した日米戦争で日系人のリーダー格はことごとく逮捕拘束された。翌年、主に本

日系移民局

土に住む11万人の日系人が強制収容されたが、ハワイの日系人は、一部のリーダーと目された人々を除いてこれを免れた。ハワイ社会に占める日系人の数が多く、隔離はハワイを混乱に陥れると判断されたためだ。

戦下のハワイで、日系人への風当たりは強まる一方だったが、第442連隊など、日系軍人による欧州での活躍がハワイの日系アメリカ人の社会的評価を見直すきっかけとなる。戦後、日系人社会を中心に、下院議員のダニエル・イノウエ（1959年。のちに上院議員）や、ハワイ州知事のジョージ・アリヨシ（1974年）などを輩出、ハワイにおける日系人の影響力は再び増していった。

　日系人は世代を重ねることでアメリカ人としての帰属意識が強まり、日本にそれほど思い入れはないという者も少なくない。しかしながら、一市民として完全にアメリカ文化に融合した彼らも、日本では風化しつつある、礼儀・礼節を重んじるといった精神を今も大切にしている。ある点で、日本人以上に日本人らしい精神性を備えているといえる。

日系人移民の住まいを復元したもの

沖縄移民の父といわれたのは誰？

沖縄移民

　沖縄最初のハワイ移民は1899年に移り住んだ27名だった。移民実現の裏には、沖縄移民の父といわれた當山久三の力があった。当時の沖縄は日本に編入されたものの、旧王朝文化を色濃く残し、経済的にも社会構造的にも本土に大きく遅れをとっており、貧困に喘ぐものが少なくなかった。ハワイをはじめとする世界各国への移民の流れはそのような事情から活発に行なわれた。沖縄からハワイへの移民は1907年まで続き、9年間で8500名に上った。

　ハワイでの暮らしは決して楽ではなかった。日系人はハワイ社会の下層階級として抑圧を受けていたが、日本人社会はストレスのはけ口の一部を沖縄移民に向けたからだ。沖縄移民はサトウキビ農園の時代を経て、パイナップル農園や養豚業で頭角を現わしたが、経済的には厳しい時代が続いた。

　第二次世界大戦が始まると、沖縄移民は本土移民と同じ運命をたどる。しかし、戦後は荒廃した沖縄へ派遣された2世たちを中心に沖縄戦災救済活動で活躍し、復興に大きな役割を果たした。

　今日、ハワイにおける日系人社会のアイデンティティが希薄化しているなか、沖縄移民はウチナーンチュ（沖縄人）組織を充実させ、ビジネスから伝統芸術まで活発な活動を行なっている。

Coffee Break　　　　　　　　　　　　　　　ハワイ豆知識

ハワイの怪談

　ハワイには、日本と同じくさまざまな怪談があります。古くからハワイに伝わる話だけでなく、移民たちが持ち込んだものまで実にさまざまです。
　現代の怪談のなかでよく知られているのは、オアフ島のヌウアヌにまつわるものです。「豚肉を持ってパリ・ハイウェイを通ると、車が故障する」。なぜ豚肉なのでしょうか？　かつてのハワイでは豚肉が大変なごちそうでした。豚肉は特別なときにだけ、しかも男性だけが食べることが許されたといいます。女性は食べたことがわかると、死罪になったほどです。
　おそらく、このような歴史を背景に、「昔のハワイ人の霊が、豚肉を求めて車を止める」という怪談が作られたのでしょう。

伝統音楽

「ハパ・ハオレ・ソング」とは何？

ハワイの音楽

　初期のハワイ社会において音楽はフラと共にあり、神事や祭典と密接な関係にあった。フラは、ホオパ・ア（演奏者）の演奏とメレ（歌）に合わせ、オーラパ（踊り手）が踊るものもあった。ホオパ・アが演奏した楽器の多くは、マルケサス諸島やタヒチ、あるいはサモアなどから伝わったとされるが、ハワイ固有の楽器もある。

　19世紀に入ると、ハワイに西洋音楽がもたらされた。宣教師は賛美歌を、船乗りや移民たちはギターなどの弦楽器を持ち込んだ。弦楽器は、スラック・キー・ギター、ウクレレ、スティール・ギターといったハワイ独自の音楽文化を形成するルーツとなった。

　20世紀に入り米国併合に伴うハワイの観光地化は、ハワイ音楽やフラの商業化を推し進めた。やがて、主に白人作曲による英語のハワイ音楽「ハパ・ハオレ・ソング」が生まれた。フラは、ハパ・ハオレ・ソングに合わせ、観光客の前でも踊られるようになる。

　1970年代に入ると、ハワイの伝統文化を見直すハワイアン・ルネサンス活動が興り、伝統的なハワイ語の歌やスラック・キー・ギターが見直されていった。フラもまた、再びハワイ語のメレに合わせて踊る、ハワイ文化のひとつとして復興していく。そしてフラ・カヒコ（古典フラ）と、新しい解釈で踊られるフラ・アウアナ（現代フラ）に住み分けられていった。

　フラが伝統を重視する一方で、ロックやレゲエなどさまざまなジャンルの影響を受けて、新しいスタイルのハワイ音楽も生まれていった。今日、これらはアイランドミュージックと呼ばれている。

　ハワイ生まれのウクレレは、フラ・アウアナの伴奏楽器やソロ楽器として、あるいはレゲエのビートを刻む楽器として、ハワイの人々に愛されている。

「アロハ・オエ」を作曲したのは誰？

ハワイ王朝と西洋音楽

　カメハメハ大王のハワイ諸島統一以降、ハワイ文化の西洋化は勢いを増した。そこには音楽も含まれていた。始まりは、宣教師のもたらした賛美歌だった。やがて賛美歌はハワイ語でも歌われるようになる。この背景には王族のキリスト教への改宗があった。ハワイの人々にとってまったく新しいこの音楽ジャンルは、ヒーメニと呼ばれた。賛美歌を指す英語のヒム（hymn）から派生した言葉だ。

　ハワイ王朝は、西洋音楽を積極的に取り込んでいった。1836年、カメハメハ3世は、西洋の音楽家を中心に王室付きの楽団である、ロイヤル・ハワイアン・バンドを結成する。王朝末期には、音楽的才能を開花させた4人の王族が登場した。カラーカウア王とその兄弟であるリリ・ウオカラニ女王、リケリケ王女、それにレレイオホク王子は自ら作曲もした。

　リリ・ウオカラニ女王は、10代の頃から作曲を始め、多くの歌を残した。とりわけ有名なのが「アロハ・オエ」だろう。今は主に別れの歌として演奏されるが、もともとはラブソングであり、妹のリケリケ王女のことを歌ったともされる。そのリケリケ王女の作った曲のひとつである「クウ・イポ・イ・カ・ヘエ・プエ・オネ」は、今日でも人気のある歌のひとつだ。4人のなかで一番年下のレレイオホク王子は「カーウア・イ・カ・フアフアイ」を残した。これは、別名「ハワイアン・ウォー・チャント」で知られる「タフアフアイ」の原曲だ。カラーカウア王はハワイ王国の国歌「ハワイ・ポノイー」を作った。後にハワイ州歌となるこの曲は、カラーカウア作詞・ヘンリー・バーガー作曲だが、バーガーは、当時のロイヤル・ハワイアン・バンドの指揮者だった。

　1893年、ハワイ王国は、アメリカ大統領のハワイ併合の署名によってその歴史を閉じる。しかし、王族の残した歌は今もハワイの人々に歌い継がれ、ロイヤル・ハワイアン・バンドは「ハワイ・ポノイー」を演奏し続けている。

イリ・イリは何でできた楽器？

🌴 ハワイの伝統楽器

■パフ・フラ
ココヤシまたはパンノキの幹をくりぬいて作った太鼓。サメの皮を張る。

■プーニウ
ココナッツシェルを使った小太鼓。太ももにくくりつけて固定し、ひものバチで叩く。

パフ・フラ（右）と
プーニウ（左）

■イプ・ヘケ
空洞にした大小のヒョウタンをつなげた打楽器。くびれの部分のひもを手首に巻き付けて、もう一方の手で叩いたり地面に落として音を出す。

イプ・ヘケ

■イプ・ヘケ・オレ
ヒョウタンひとつで作った打楽器。片手で持ち、もう一方の手で叩く。ヘケ・オレとはイプ・ヘケのヘケ（ヒョウタンの上部）がない、という意味。

イプ・ヘケ・オレ

■ウリー・ウリー
ヒョウタンの中に植物の種などを入れ、カパや鳥の羽根を使って飾りを付ける。くびれの部分を握り、振って音を出す。1個、または2個1組にして使う。

ウリー・ウリー

■カーラ・アウ
　長さの違う2本1組の棒を打ち合って音を出す。主に短いほうで長い棒を叩く。叩く位置や握り方を変えて音色を変える。

■イリ・イリ
　小石を片手に2個ずつ両手に持ち、指に挟み手の中で打ち合わせて音を出す。

カーラ・アウ（上）と
イリ・イリ（下）

■オヘ・カー・エケ・エケ
　長さの違う2本1組の竹を持ち、それぞれを地面へ垂直に落として音を出す。太さ・長さの違う竹を使うことで音色を変える。

オヘ・カー・エケ・エケ

■プー・イリ
　2本1組の竹の楽器。握る部分を除いて細かい切れ目が入れてある。互いを打ち合ったり自分の体を叩いて音を出す。古代は1本で使用した。

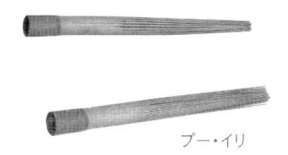

プー・イリ

■オヘ・ハノ・イフ
　竹の鼻笛。片側は一節残す。右の鼻穴に笛をあて、左の鼻穴は指でふさいで吹く。

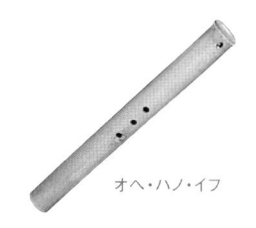

オヘ・ハノ・イフ

ポルトガル移民が作った楽器は？

🌴 ハワイの弦楽器

■スラック・キー・ギター / スラッキー・ギター

ハワイ独自のオープン・チューニングを用いて演奏するギターサウンドを指す。オープン・チューニングとは、通常のレギュラー・チューニングよりも弦を緩めて（スラック＝slackは緩めること）、弦をまったく押さえなくてもCやGなどの和音が鳴るように調弦すること。主に、親指で4・5・6弦のベースパート、人差し指や中指などで1・2・3弦のメロディ、ハーモニーパートを弾く。1830年代にメキシカン・カウボーイ（後にパニオロと呼ばれる）が持ち込んだギターをもとに、ハワイアンが生み出した独自奏法がスラック・キー・ギターの始まりといわれる。

■ウクレレ

1879年、ハワイにやってきたポルトガル移民のなかに、ポルトガルの小型弦楽器・ブラギーニャ（braguinha）の製作職人が3人いた。彼らがウクレレの原型を作ったとされる。ウクレレとは「跳ねるノミ」の意味だが、ある奏者の跳ねるような弾き方から名づけられたとされる。これとは別に、ある奏者のニックネームからとったなど、諸説ある。ウクレレはサイズが4種類あり、小さいほうからソプラノ（スタンダード）、コンサート、テナー、バリトンと呼ぶ。主に4弦だが、6弦・8弦の複弦ウクレレもある。ハワイでは、ポルトガル人が移民局に移民登録した8月23日を、ウクレレの日に制定している。

■スティール・ギター

1889年頃、ハワイアン・ミュージシャンのジョセフ・ケククが発明したとされる奏法。フレットに触れないよう弦高を上げたギターを水平に置き、金属のバーを左手に持って弦上をスライドさせ右手で弾く。スラック・キー・ギターから発展した奏法のため、同じオープン・チューニングを使う。水平に置くことによる音量減を補うために、ウッド・ギターから金属の共鳴板をボディにはめ込んだリゾネイター・ギター、そしてアンプを通すエレキのスティール・ギターへと発展していった。

1935年にモアナ・サーフライダーから生放送されたラジオ番組は？

ハパ・ハオレ

　20世紀に入ると、ヨーロッパ人がもたらした楽器が諸島に広がり、そこからまた流行り廃りを繰り返しながらも、多文化の島らしく、いろいろな音楽を取り入れつつ、その時々のハワイアン・モダンスタイルを確立していった。

　1900〜1915年頃に、アメリカンポップスとハワイアンミュージックが統合し、ハパ・ハオレというハワイアンミュージックに英語の歌詞を取り入れた歌が誕生した。

　1915〜1930年頃には、ハワイアンミュージックが海外でも人気となった。この頃、タヒチアンやサモアンミュージックの影響を受け、さらに複雑なリズムが取り入れられていく。

　1930〜1960年頃は、ハワイアンミュージック黄金時代といわれ、オーケストラやビッグバンドでも演奏されるようになる。また、1935年に、モアナ・サーフライダーホテルの中庭（バニヤンコート）でラジオ番組「ハワイ・コールズ」の生放送が始まり、一時期は、世界750のラジオ局に配信された。

　1960年代に入ると、アメリカ本土からロック、ソウルやポップソングが流入し、次第にハワイアンミュージックは衰退する。そんななか、ワイキキのデュークスでドン・ホーによるライブが行なわれた。これはロコ（地元住民）だけでなく、アメリカ本土からの観光客のあいだでも有名となり、彼が歌う「タイニー・バブルス」や「真珠貝の歌」などは、当時のハワイアンミュージックの代名詞となる。

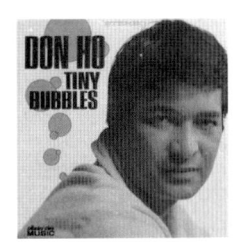

ドン・ホー『タイニー・バブルス』

スラック・キー・ギターで歌う
初のハワイアンソングを出したのは？

🌴 ギャビー・パヒヌイ

　ハワイアンミュージックを単なる観光客向けのエンタテイナー・ショーから、確固たるハワイの誇るべき文化として生き返らせたのが、スラック・キー・ギターの巨匠として知られるギャビー・パヒヌイだ。

　1921年にホノルルで生まれたギャビーは、10代からバックギタリストとして活動を始め、すぐに評判のミュージシャンとなった。彼は同時に、スティール・ギターやスラック・キー・ギターをマスターするが、楽譜を読めなかったので、すべてを耳から学んだといわれる。

　当時の実力派ミュージシャンやバンドとともにライブ活動をしながら腕を上げていったギャビーは、1946年にベル・レコードから初のスラック・キー・ギターで歌うハワイアンソング「ヒイラヴェ」を出す。その後もハワイアンの心をスラック・キー・ギターとともにハワイ語で歌い、1950〜60年代にはほかのミュージシャンとセッションしたレコードも制作していった。そのなかで、ウクレレマスターのエディー・カマエを中心にサンズ・オブ・ハワイを結成、トラディショナルソングを現代風にアレンジした。これが1970年代に興ったハワイアン・ルネサンスの活性剤となったのだった。

　その後、彼はギャビー・バンドを編成し、次々と新しいスタイルの音楽を生み出して、見事にハワイアンミュージックをよみがえらせた。また、ライ・クーダーとのアルバムは、世界中にギャビーの名を知らしめるきっかけとなった。

　ギャビーは数々の成功を収めながらも、経済的には恵まれず、道路工事の仕事をしながら音楽活動を続け、1980年に59歳でこの世を去った。それ以降はサンデー・マノア、カントリー・コンフォート、オロマナといったギャビーの音楽の影響を受けたミュージシャンが続々と登場した。

ギャビー・パヒヌイ
『ギャビー・パヒヌイ・ハワイアン・バンド・ウィズ・ライ・クーダー Vol.1』

カメハメハ王族の血を引くギタリストは？

ハワイアン・コンテンポラリー、アイランドミュージック

　1970年代に入るとハワイアン・ルネサンスが興り、衰退していたハワイアンミュージックの再興が始まる。そして、ハワイアンエッセンスと他ジャンルの音楽をミックスした音楽、通称ハワイアン・コンテンポラリーが栄える。その代表には、名曲「ホノルル・シティーライト」で知られるスラック・キー・ギタリスト、ケオラ・ビーマーがいる。

　彼はギャビー・パヒヌイの影響を受けたひとりでもある。カメハメハ王族の血を引くビーマーは、祖母や母親も有名な作曲家兼歌手で、数々のトラディショナルソングを生み出した。彼は、祖先が残した音楽はもとより、チャントやハワイ伝統楽器を古来の演奏スタイルにとらわれずに用いて話題を呼んだ。

　アメリカ本土のロックブームを受け、その要素をふんだんに取り入れて大人気となったのはセシリオ＆カポノであり、その弟分のグループとして結成されたのがカラパナだ。いずれも英語の歌詞で歌い、ハワイを代表するウクレレやスラック・キーなどを用いなかったことから、新たなハワイアンスタイルとなった。彼らの曲は日本でもサーフロックと呼ばれ、一大旋風を巻き起こし、今日でも根強い人気を保っている。

　1960年代後半から1970年代に入ると、世界中でジャマイカのレゲエブームが起こる。似たような自然環境のハワイでもすぐに受け入れられ、やがてハワイアンミュージックとミックスしたジャワイアンが誕生する。これは90年代以降のハワイアンミュージック・シーンに欠かせないものとなり、今日ではハワイアンレゲエと呼ばれる。また、レゲエやポップスの要素を取り入れた音楽を総称して、アイランドミュージックと呼んでいる。

セシリオ＆カポノ
『ナイト・ミュージック』

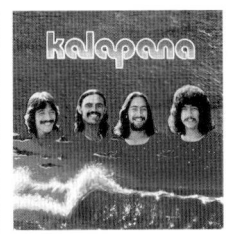

カラパナ
『カラパナII』

ハワイ音楽で一番売れたシングル曲は？

1980年代以降のハワイアンミュージック

　1980年代〜1990年代前半には、ハワイアン・ルネサンスの影響を受け、さらにポップなサウンドを取り入れたハワイアンミュージックが台頭する。

　1984年のデビュー当時はまだ高校生だった女性トリオ"ナ・レオ"のオリジナル曲「ローカルボーイズ」は、ハワイ音楽史上最多のシングル売り上げを記録。現在までに25以上のナ・ホク・ハノハノ賞（→P.142）を獲得している。

　ハワイ出身のケリィ・カネアリィとニュージャージー出身のバリー・フラナガンからなるハパも、ポリネシアンミュージックにポップスやワールドビートを取り入れた結果、1993年のデビューアルバムは、空前のヒットとなった。この頃から、ハワイ文化を大切にしようという動きが再び興る。

　特筆すべきアーティストとして挙げられるのは、1997年に38歳の若さで亡くなったIZ（イズ）こと、イズラエル・カマカヴィヴォオレだ。今もなお、彼の曲はヒットチャート入りするほどで、アメリカの人気映画やドラマでも彼の代表曲が使用されている。

　イズは1970年代後半に結成されたマカハ・サンズ・オブ・ニイハウのメンバーだったが、1993年に独立。340kgの巨体から奏でられる繊細な声が今でも多くの人を魅了する。生前、彼は若者たちの不良防止やハワイ人の主権回復を訴え、ステレオタイプなハワイ文化を変えた。

　ケアリィ・レイシェルもまた、新たな形でハワイ語やハワイ文化を保護継承しようと取り組むアーティストのひとりだ。彼は1994年にコンテンポラリーサウンドの曲にチャントを含めた「カヴァイプナヘレ」でデビューする。これは、グラミー賞のワールドミュージック部門にノミネートされるとともに、ハワイアンミュージックで初のゴールドディスクという快挙を果たした。また、2003年に発売したアルバム『ケアラオカマイレ』では「涙そうそう」をハワイ語でカバーし、日本でも話題となった。

　1990年代後半になると、それまでの歴史を踏まえて、ジャワイアンに以外にも、バラエティ豊かな音楽が続々と生まれ、ハワイは世界の音楽の宝庫と言われるよう

になった。

　ワールドワイドに活躍するアーティストも次々と誕生している。ピュア・ハートとコロンのグループを経て、2002年にソロ活動を開始したジェイク・シマブクロは、さまざまなジャンルをウクレレで表現することで、ハワイアンミュージックに新たな風を起こしている。2006年には、日本アカデミー賞4部門受賞作『フラガール』のサウンドトラックも手がけて話題となるとともに、2005〜2007年にはハワイ州観光局の親善大使の役割も果たした。

　2001年にデビューした元プロサーファーのジャック・ジョンソンは、アコースティックギター中心のメロウでシンプルなサウンドを基本に、レゲエ、ラテン、ヒップホップなどの要素を取り入れたミクスチャースタイルの音楽を手がけた。彼はサーファーたちのあいだで人気に火がつき、セカンドアルバムは全米チャート初登場で3位を記録するなど、世界をまたにかけるアーティストとして活躍している。

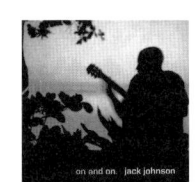

ジェイク・シマブクロ『my life』　　　　　　　　　　ジャック・ジョンソン『オン・アンド・オン』

ベスト・ハワイアンアルバム部門が グラミー賞に新設されたのは何年?

音楽賞

ナ・ホク・ハノハノ賞

　1978年に、ハワイのラジオ局KCCNのパーソナリティであるクラッシュ・ケアロハ氏が創設した賞。当時は、ラジオ局のKCCNとアラ・モアナ・アメリカーナ・ホテルのタイアップで、一般投票によってその年に活躍したハワイのミュージシャンを決めた。

　4年後の1982年にハワイのレコーディング産業の振興のために創設されたHARA（ハワイ・アカデミー・オブ・レコーディング・アーツ）にナ・ホクの運営が移管される。以降、一般投票形式をやめ、グラミー賞と同じく音楽業界関係者（HARAの会員）による投票で決定されることになった。毎年5月もしくは6月に授賞式を開催し、TV中継される。

ハワイ・ミュージック・アワード

　1997年に非営利団体ザ・ミュージック・ファウンデーション・オヴ・ハワイの代表であるジョニー・カイが創設。その年の最も活躍したミュージシャンやハワイ音楽業界の功労者をインターネットでの一般投票によって選出し、毎年3月末に授賞式を開催している。

グラミー賞

　アメリカで毎年開催されている最大の音楽賞のひとつ。2005年よりベスト・ハワイアンアルバム部門が開設された。第1回目は、スラック・キー・ギターのコンピレーションアルバムである『Slack Key Guitar〜Volume 2』が受賞した。

ジャック・ジョンソンらによる自然環境保護のためのイベントは？

レーベル、イベント

ハワイのレーベル事情

　音楽が生活に密着しているハワイでは、ほんとんどのミュージシャンが、別に仕事をもちながら音楽活動を行なっている。個人レーベルを立ち上げ、そこから作品を出すミュージシャンも多い。レーベル会社も多く、なかでもマウンテン・アップル社は最大規模を誇る。特にハワイアンやポリネシアンミュージックでは世界一の発行枚数といわれる。コンサート事業も展開しており、毎年レイ・デー（5月1日）にワイキキ・シェルで行なわれるブラザーズ・カジメロのコンサートもマウンテン・アップル社が主催している。

イベント

　いつもどこかで音楽が聞こえるハワイでは、大小さまざまな音楽イベントが一年を通じて開催されている。
　なかでも著名なラジオ局KCCN FM100が毎年7月に開く「バースデー・バッシュ」は人気が高い。ジャワイアンやコンテンポラリーのアーティストが一堂に会する。
　マカハ・サンズが毎年6月に開催する「テイク・ア・ウォーク・イン・ザ・カントリー」通称マカハ・バッシュは、新旧のトラディショナルミュージシャンやフラダンサーが集まり、豪華なショーが繰り広げられる。
　2004年からは、ジャック・ジョンソンが、ハワイの自然環境保護目的にコクア・フェスティバルを開催。翌年からは、マウイ島とオアフ島の2カ所で開かれている。
　フェスティバルの収益金は、ジャックが共同主宰するNPO団体コクア・ハワイ協会に全額寄付され、次代を担う子どもたちへの環境教育の支援に役立てられている。

Coffee Break　　　　　　　　　　　　　　　　　　ハワイ豆知識

プカ・シェル

　ハワイのアクセサリーに、プカ・シェルというネックレスがあります。
　プカとは、ハワイ語で穴のこと。穴の開いた貝殻はプカ・シェルと呼ばれるのですが、本来は人工的に穴を開けるのではなく、自然に作られるものです。
　砂浜に打ち寄せられた貝殻が長い時間波に揉まれているうちに削り取られ、天然のプカ・シェルができあがるといわれます。ビーチで砂の中を探ってみませんか？　本物のプカ・シェルを拾い集めることができるかもしれません。

食文化・伝統的生活

大地のオーブンともいえる調理法は？

古代ハワイの食生活

　ハワイの食文化のルーツは、ポリネシア人とともに大海を渡って根づいたものだ。ポリネシア人は優れた航海技術をもっていたが（→P.34）、移住を目的にした長期航海には不可欠な保存食の技術などにも長けていた。航海用カヌーには食物貯蔵庫があり、タコノキ（ハラ）の実を焼いたものや魚の干物といった保存食のほか、生きたイヌやブタ、ニワトリなどの家畜類も積み込んだ。これらは、移住先で繁殖させる目的のほかに、航海中の食糧ともなった。彼らはまた、新天地での土地開拓用にカロ（タロイモ）やコー（サトウキビ）、ニウ（ココヤシ）、ウル（パンノキ）などの食物や、建材、薬、染料など生きていくために必要な最小限の物を積み込んで大海を渡った。

　ハワイに定住した人々は持ち込んだ植物を集落の周辺に植えて育て、生活の糧とした。やがて人々は与えられたアフプア・アで、主食であるカロなどを育てはじめた。改良が重ねられたカロは、18世紀末にキャプテン・クックが訪れた頃には300種以上もの品種ができていたという。カロを補う形で、ウアラ（サツマイモ）やウルなども植えられたが、飢饉のときは、木生シダ（ハプ・ウやアマ・ウ）などのデンプン質も主食の代用品となった。

　古代ハワイでは最初の移住者とされるマルケサスの島民に次いでタヒチからの大移住があった。そのため、料理法についてもタヒチの食文化の影響を大きく受けた。調理は専用の家屋で行なわれ、特別の催しや、天気のよいときは、地面に掘った浅い穴で行なわれた。最初に薪を並べて火をつけ、その上に石を置いて熱し、石が充分に熱くなったら平らに敷きつめ、キー（ティ）やバナナの葉で幾重にもくるんだ豚肉や魚などを置き、さらにその上にカパ（マット）、あるいはバナナの葉などを敷いて、その上から土をかけて、数時間から数日間蒸す。大地のオーブンともいえるこの調理法はイムと呼ばれる。ハワイの人々は魚や豚肉などからタンパク質を、カロやシダの葉などからビタミン類を、果実からは糖分を摂取した。新鮮なものは生でも

食し、調理が必要なものは焼いたり、塩漬けにしたりイムで蒸したりして食べた。保存や調味には海水から取れる塩を使い、ポイ（ペースト状にしたタロイモ）は傷みやすいが、乾燥させたものは長期保存が可能で、携行食となった。

カロの収穫風景

カロが神聖な食物と信じられていた理由は？

カロ（タロイモ）

　カロ（タロイモ）はビタミンA、C、鉄分、カルシウム、リンなどを豊富に含む栄養価に優れた食物であり、消化のいい完全食だ。

　地下茎の部分を蒸してペースト状にしたものはポイと呼ばれる。同じように栄養分に富む若葉はル（ー）アウと呼ばれ、そのまま、あるいは肉や魚を包み、煮込んで食べる。ちなみに、ル（ー）アウには「祝宴」という意味もある。

　カロはハワイの人々にとり、日本人にとっての米のように重要な意味をもつ。カロには多くの神話があるが、なかでも人間とカロが兄弟の関係にあるという話がよく知られている。パパ（陸の女神）とワケア（空の神）に授かった最初の子どもは死産だった。ハロアと名づけられた赤ん坊は大地に埋められたが、やがてそこから芽が出てカロとなった。その後に生まれた子どもが人間の祖となったため、ハワイの人々はカロと人間は兄弟の関係にあり、カロは神聖な食物だと信じたのだった。

　カロには水耕（ロ・イと呼ばれる水田）での栽培と、陸耕がある。陸耕は、干魃のときなどの緊急用的性格が強かったが、水耕栽培のものと、味に大きな違いはない。水耕のカロはポイを作るための地下茎（根茎）用と、葉を利用するためのものが別々に栽培された。今日、カロの文化的な価値はもちろん、栄養価も見直され、消費が増えている。

カロ

ハワイの卒業パーティに欠かせないのは？

ポイ

　ポイはハワイのソウルフードといわれる。昔から「ポイが食卓に出されているときは、言い争ったり、相手を中傷してはならない」という言い伝えがあり、昔の人々のポイに対する畏敬の念を感じさせられる。今日でもポイは、米やパンに並ぶ主食であり、スーパーマーケットには新鮮なポイ入りのパンが並ぶ。ポイはアレルギーを起こす可能性が非常に低いことから、幼児にも最適で、母乳やミルクを加えて離乳食としても用いられる。

　ポイの需要は卒業シーズンの5～6月に最も高くなる。卒業生のいる家庭では家族や親戚、友人を集めて大規模な卒業パーティを行なう習慣があり、お祝いの席にポイは欠かせない。

　ポイは時間の経過とともに酸味が増す。できたては「フレッシュ」、1日置いたものを「デイ・オールド」、2日目を「セカンド・デイ・オールド」というように日数を酸味の目安にする。固さは練るときに加える水の量で変わり、「ワン・フィンガー」（指一本）、「ツー・フィンガー」（指二本）、「スリー・フィンガー」（指三本）などと、何本の指ですくえるかで表わす。

ポイ

古代ハワイにあった漁のルールとは？

海の恵み

　ハワイに定住した古代ポリネシア人たちは、海の知識を漁の分野でも発揮し、豊かな海の恵みを背景とした文化を形成していった。

　ハワイ語の漁と海に関わる表現には数多くの言葉があり、風、雲、海の状態から、海鳥まで、細かく使い分けられている。月の満ち欠けや風や潮流を読み、どの場所でどの魚がいつ獲れるということまでも的確にとらえていたといわれる。魚の名は日本の出世魚のように成長の度合いに応じて呼び名が変わるものもある。漁はカヌーによる一本釣りや、もり打ち、投網など、さまざまな手法があった。乱獲を防ぐために、魚や漁の種類によって禁漁期間が定められていた。「必要なものを必要なだけ」という考えが漁のルールだったようだ。

　当時のフィッシュ・ポンド（養魚池）は、遠浅の海岸を利用して壁を造り、その一部を低くして満潮時に魚が入り込む仕組みにしたものや、湧き水を引き込んだ池に満潮時に海水が流れ込むように造り、海や川に生息する稚魚を入れるようなものなどがあった。

投網による漁の風景

ブタをまるごと一頭調理する伝統料理は？

ワイルド・ハンティング

　古くからハワイで行なわれてきた伝統のルアウ料理のひとつであるカールアピッグ（プア・ア・カールア）は、ブタをまるごと1頭イムで調理するダイナミックな料理だ。ホテルなどのル（ー）アウ（ディナー）ショーでは、イムからブタを取り出す儀式をアトラクションとして行なうこともある。

　ハワイモンクアザラシとハワイオオコウモリ以外に哺乳類のいなかったハワイ諸島にブタを持ち込んだのは、マルケサスやタヒチから入植したポリネシア人だった。彼らがブタを持ち込んだのはおよそ1000年前といわれるが、その後、コロンブスによって持ち込まれたユーラシア産の野ブタが合衆国本土で野生化し、後にハワイに持ち込まれて、ポリネシア人の持ち込んだブタと血が交わり合った。

　今日、野ブタはラナイ島とカホオラヴェ島を除くすべての島に生息する。増えつつある野ブタ対策では、伝統保護派と環境保全派で対立することもある。野ブタに加えて、ヤギやシカなど、期間を定めた狩猟も行なわれている。

野ブタ

ハワイの食文化がユニークなのはなぜ？

移民文化が生んだ食生活

　今日のユニークなハワイの食文化は、移民文化の賜物といえる。ハワイの食文化がほかに類を見ないほどユニークなのは、移民たちが持ち込んだ各国の食文化がハワイの味として定着したためだ。

　豆腐や納豆、漬物、キムチ、パスタ、ヌードルなど、ハワイにはここで作られた世界の食料が広く行き渡っている。これらの食材は、それぞれの国の専門店だけでなく、一般のスーパーマーケットでも取り揃えているほど、ハワイの食材は国際色が豊かだ。

　日系アメリカ人の家庭では日本食へのこだわりがあるように、ハワイの家庭にも基本となる食文化がある。今日のハワイ市民の多くは複数の民族の血が入り交じっている。たとえば父方が日系で、母方がハワイ系であった場合、朝は白米と味噌汁、夜はカロを調理したポイを食べるということもある。

　ハワイでは人種や文化的な背景にかかわりなく、台所には炊飯器があり、冷蔵庫にはキムチやラウラウがあることも多い。また、箸も上手に使いこなす。ハワイの家庭にはさまざまな民族文化が混在しているからだ。子どもたちは小さな頃からこのようなクロスカルチャーのなかで育つ。オハナ（→P.154）の精神に富んだハワイでは、子どもたちはしばしばほかの家庭の食事に呼ばれ、彼らはそのような体験を通じて世界の味に慣れ親しんでいく。

スーパーマーケット

ハワイ生まれや在住者のことは何という？

ハワイの農業

　西欧文化との接触を契機に、農耕と漁労を中心とした自給自足の生活ともいうべきアフプア・アは姿を消していった。人々がアフプア・アで暮らしていくために必要な農業から、大量生産された農作物を世界市場に出荷することを目的とした商品作物農業に大きく変化していったのだった。。

　プランテーション産業は第二次世界大戦を終えた頃から、東南アジア産の作物との価格競争に負けはじめ、サトウキビやパイナップルなどの大規模プランテーション産業は次第に衰退していった。その一方で、コーヒーやマカダミアナッツなどのように、高品質化に成功して世界に広まった農産品も少なくない。

　1970年代に勃興したハワイアン・ルネサンスでは、先住ハワイ人の血を引く人々だけでなく、カマ・ア（ー）イナと呼ばれるハワイ生まれの人々やハワイ在住者の一部も伝統文化に関心を払うようになった。その結果、伝統的な健康法や食事などが注目されるようになり、1991年には食の世界のルネサンスとも呼ばれるハワイアン・リージョナル・キュイジーヌ（HRC）（→P.208）が誕生した。HRCはレストランのレベルを向上させただけでなく、「土地の恵みを食べる」という伝統的文化の基本を取り戻すことにもつながっていった。

　HRCが注目を集める以前のハワイでは、食品売場に並ぶ食料は本土から送られてくるものがほとんどだった。シェフたちは地元農家や大学の研究室に協力を呼びかけ、優れた食材の生産と開発にともに取り組むようになった。料理人が農業を知り、農家の人々が料理を知ることで、これまでハワイでは作られていなかった有機農法による野菜やハーブなどの農業が大きく発展していった。

　農業を「大地（ア（ー）イナ）との対話と共存」と考える若い農業専門家も出現し、伝統農業を通じて青少年の育成なども行なわれている。

日常会話で使われる簡易英語を何という?

伝統的生活

カマ・ア(ー)イナ

「カマ・ア(ー)イナ」はカマ(子ども)とア(ー)イナ(土地)を組み合わせたハワイ語で、厳密にはハワイ生まれの人を指すが、現在では広く「ハワイ居住者」という意味で使われる。

公共施設やアクティビティの使用などには、カマ・ア(ー)イナ料金と呼ばれる居住者専用の割引もあり、原則的にはハワイ在住を証明するハワイの住所の明記されたIDカードがあれば適用される。ただし、カマ・ア(ー)イナ料金や特典は、この土地で暮らして仕事を持ち、この土地に貢献する人たちへの還元であるということを覚えておきたい。

アンティとアンクル

ハワイでは血縁や知り合いでなくとも目上の女性をアンティ、男性をアンクルと呼ぶ習慣があるが、日本のオバサン、オジサンとは少しニュアンスが異なる。

メインランドでは通常アンティ、アンクルという呼称は親族に対して使うもので、子どもたちは友人、知人の両親に対してMr.、Mrs.、Ms.をつけて呼ぶ。しかしハワイでは子どもだけでなく大人でも、目上の人への尊敬と愛情を込めてアンティ、アンクルを用いる。

ちなみに「オハナ」とはカロの主根の周囲に付く小さな根茎のことで、これが転じて「家族」という意味となった。かつてのハワイでは家族の概念が今日よりかなり曖昧で、子どもたちはみなすべての大人たちのものという考えが基本だった。アンティやアンクルという呼称習慣は、そのようなハワイ文化を反映したものといえるだろう。

ピジン・イングリッシュ

　ハワイ州の公用語は英語とハワイ語だが、ハワイ語を完璧に操れる人はかなり少ない。

　1970年代のハワイアン・ルネサンス以降、ハワイ文化の復興が積極的に行なわれた結果、学校教育や大学の語学科でハワイ語を本格的に学ぶ機会が増えた。また、ハワイアンミュージックやフラに関わる人々のあいだでもハワイ語の習得熱が高まりをみせ、ハワイ語を操る人や関心をもつ人は増加傾向にある。ハワイ州の第一言語は英語だが、地元住民が日常会話で使うのは、ピジン・イングリッシュである場合も多い。どの国でも方言はあるものだが、ピジン・イングリッシュはいわゆる方言ではなく、独自のルーツをもっている。

　ハワイのピジン・イングリッシュは、サトウキビプランテーションに従事するため世界各国からやって来た移民同士がコミュニケーションをとるために生まれたものだ。異なる言語を使う移民たちが、慣れない英語を共通語として使用しなければならなかったため、文法や単語を簡略化して用いたのだった。

　ピジン・イングリッシュは英語を基本に、ハワイ語や日本語、中国語、韓国語、フィリピンの言語など、各国移民の母語が取り入れられている。そのため、ハワイで通用する日本語も少なくない。Ume（梅干）やBento（弁当）、Bachi（罰が当たる）、Bakatare（バカ）など、さまざまな日本語が生活のなかで用いられた。特に男性は好んでピジン・イングリッシュを織り込んだ英会話を楽しんでいる。独特のイントネーションで笑いをとる地元コメディアンも多い。英語を母語とする者にとっても最初はよく理解できない言葉だが、これを理解することで、ハワイ文化への理解はさらに深まるだろう。

スーパーボウルでポテトチップスより売れるのは？

暮らしの習慣

ポットラック・パーティ

　ハワイの人たちは何かと理由をつけては一堂に集まる傾向がある。ハワイのライフスタイルはバーベキュー・パーティとポットラック・パーティなしでは語れないほどだ。ポットラックとはアラスカ・太平洋沿岸の先住民文化であるポトラッチに端を発するもので、各自が料理を持ち寄るパーティを指す。ホームパーティにとどまらず職場や学校など、どんな場所でも行なわれる。

　ポットラック・パーティでは国際色豊かな食文化に出合うことができる。フライドチキンやポケ（ポキ）、スパムむすび、お煮しめ、巻き寿司、キムチ、チャプチェ、焼きそば、マラサダ、ルンピアなど、パーティ参加者の民族ルーツの数だけ料理が登場する。

　カマ・ア（ー）イナ（地元住民）なら、ひとつやふたつはポットラックに備えた得意料理がある。ポットラック・パーティを通じて各国の料理を知り、料理を通じて文化を学ぶといってもよいだろう。

バックヤード・パーティ

　バックヤード（庭）は暮らしの一部。そこは、ダイニングルームであり、バーベキュー・キッチンであり、会議室やミニライブ会場ともなる。ハワイの人々にとり、居心地のよいバックヤードのあるなしは重要なことだ。人が集まると、オープンパーティが始まり、食事や音楽やおしゃべりなどでひとときを過ごすことが多い。また、バックヤード・パーティから生まれたミュージシャンも少なくない。

ポケがなくては！

　ルアウやバックヤード・パーティに欠かせないのがポケ（ポキ）だ。ポケにはハワイ語で「スライスする」「角切りにする」という意味があり、新鮮な魚を一口サイズに切り、調味料をまぶしたハワイアンスタイルの刺身として知られる。かつては塩味（*1）

だけのシンプルなものだった。今日のポケは日本の刺身の影響も受けている(*2)。

最もポピュラーなのはアヒ（マグロ）をしょうゆとごま油であえたアヒ・ポケだろう。オノ（サワラ）やオパカパカ（ヒメダイ）など、ハワイ近海で獲れる鮮魚に、ハワイアンソルトやイナモナ（ククイ・オイル）、オゴ（海藻の一種）などを混ぜ合わせたものもある。これ以外にもトウガラシやワサビ、キムチなど、各国の食文化を反映させた味付けがあり、具材もタコやエビ、貝類、豆腐など、さまざまなポケが誕生している。ハワイアンソルトやしょうゆなどで味つけするときは長く漬け込まず、食べる直前に手早く混ぜるのがローカルのスタイルだ。

アメリカにおける最大イベントのひとつであるのスーパーボウルが行なわれる日は、ビールとポテトチップスの売り上げが最大になることで知られている。しかし、ハワイではポテトチップスの代わりにポケが最も売れる日となる。

ポケ

*1　塩をまぶして腐敗を防いだ。
*2　ポケを最初に商品として販売したのは、オアフ島カリヒの鮮魚店の老舗「タマシロ・マーケット」とされる。

金の千羽鶴が欠かせないイベントは？

冠婚葬祭

　冠婚葬祭にはたいてい親戚一同が勢揃いする。先住ハワイ人の血を引く人たちの場合は、初対面であってもどこかで血がつながっていたり、知り合いの知り合いだったりする場合が多い。アンティとアンクルは冠婚葬祭でも力を発揮し、大きな集まりであっても、適材適所でこなしていくのだ。

ハワイアンウェディング
　ハワイ州での結婚にはマリッジライセンスと呼ばれる結婚承認証書の取得が必要となる。書類を提出するだけの場合は裁判所へ行き、裁判官の前で誓いをたてれば結婚が認められる。
　ハワイでのウェディングは、ホテルの式場、専用チャペル、教会、寺、神社、個人宅の庭やビーチなど、さまざまな場所で行なわれる。日本の結婚式ではフォーマルな服装が基本だが、ハワイでは当人たち以外はカジュアルな服装であっても構わない。ムームーやハワイアンシャツでの参加も認められているため、ハワイの人々は普段着とは別にフォーマルな場で着用するムームーやハワイアンシャツを持っている。
　結婚式のご祝儀は現金や小切手をウェディング用のカードに入れて持ち寄る。金額は新郎新婦との関係や式の規模にもよるが日本よりも低額であることが多い。引き出物については、新郎新婦が指定した店の商品リストから選択するウェディング・レジストリーというシステムもある。
　ハワイのウェディングには金の千羽鶴が欠かせない。金色の折り紙で作られたミニサイズの千羽鶴は日本文化の影響によるものだ。花嫁が「忍耐」や「辛抱」を学ぶ目的で折ったという日系人の文化がルーツだが、今日では花嫁の友人たちが集まって、ひとり何羽と割り当てて作る。折り紙パーティというものもあり、結婚する友人を祝う女友達のイベント的要素も兼ね備えている。千羽鶴は披露宴の式場に飾られるが、「寿」「幸」「愛」といった漢字の形にして額に入れ、新郎新婦に贈ることもある。

ベビー・ル（ー）アウ

　ときには結婚式より盛大に行なわれるのが、ベビー・ル（ー）アウと呼ばれる満1歳の誕生祝いだ。子どもが無事に1歳の誕生日を迎えたことに対する感謝を多くの人と分かち合うもので、数百人の招待客が集うこともある。会場は自宅の庭やビーチパーク、コミュニティセンター、ホテルのボールルームや借り切ったレストランなど、さまざまな場所で催される。親戚や友人、職場や学校の仲間、近隣の住人たちが一堂に揃う。

　ブッフェ形式のル（ー）アウが並び、大規模なものになると移動遊園地やミニ動物園を呼んだり、大物アーティストのライブを行なうこともある。誕生プレゼントは玩具ではなく、現金や小切手を包む。

葬式

　故人の遺言や家族の宗教宗派にもよるが、通常は葬儀場や教会、寺社などで行なわれる。香典は専用のカードに現金または小切手を入れる。葬儀では友人や家族が壇上に出て、故人の思い出を順に語って偲ぶスタイルが一般的だ。

　ハワイを取り囲む海は生命の源とも考えられているため、遺言で遺灰を海に撒くことを指示する人も多い。ハワイ州では海岸でも沖でも、海水であれば基本的にどこに遺灰を撒いてもいいとされる。船やカヌーをチャーターして散灰のセレモニーを行なうのが一般的だ。

厄年

　日本の厄年はヤクドシ（Yakudoshi）という英語となってハワイ文化に定着している。厄年となる年齢は日本と同じだが、家族や友人を招いて賑やかにヤクドシ・パーティを開くところがハワイ風だ。野球帽やTシャツなどのヤクドシ・グッズや「Happy Yakudoshi!」と書かれたグリーティングカードなどもあり、ハワイの厄年はポジティブ思考で受け継がれている。

クリスマスが終わると売られる
日本伝統のものとは？

季節の行事

　ハワイでもアメリカの生活習慣や年間行事が生活のベースとなっているが、ハワイ独自の生活習慣がブレンドされている。

　祝祭日はアメリカ全土が対象になる連邦政府制定の祝日に加え、ハワイ州が独自に制定した祝日があり、いずれであるかによって、役所の休日なども異なっている。祝祭日に指定されてはいないが、ハワイには世界各国の行事も多く、中国の旧正月や日本の雛祭り、端午の節句など、毎月どこかの国の何かの行事が行なわれている。

正月

　日系人が多いことから、ハワイにも日本の正月に似た慣習がある。商店ではクリスマスが終わると門松が売られる。ただし、アメリカの正月休みは1日しかない。花火や爆竹で賑やかに過ごす大晦日の疲れを癒すように、家族揃って、ニシメ（お煮しめ）やアヒの刺身、バーベキューなどを楽しみながら一日を過ごす。日系人家庭では元旦に放送される日本の『紅白歌合戦』を楽しみにする者も多い。

プロム

　ハワイで高校に入学するとフォーマルなダンスイベントやプロムを経験する。なかでも卒業式前に行なわれるプロムは盛大で、男子はタキシード、女子はフォーマルなイブニングドレスで出席する。男子はマイレの葉のレイで正装するのがハワイ流だ。この時期はマイレの需要が高まるため、プロムに出席する男子のいる家庭では早々とマイレの葉を予約する。

卒業式

　高校の卒業式は一大イベントであり、式には親族や友人たちが詰めかける。卒業生は顔が見えなくなるほど多くのレイをもらうのが習慣になっていて、卒業式は

花の香りに満ちている。

独立記念日（7月4日）
　打ち上げ花火が上がるのはアメリカ全国の習慣だが、ハワイではバーベキュー、ビーチピクニック、花火が独立記念日のお祝いの3大行事となっている。独立記念日前には、スーパーマーケットや各地の特設店で花火が販売される。

クリスマス
　感謝祭後の週末はクリスマスムード一色となる。建物や庭をクリスマスライトで飾る家も多く、この時期の新聞には住宅街のクリスマスイルミネーションマップが載るほどだ。コンドミニアムやアパートでは、ビル全体でクリスマスイルミネーションの飾りつけコンテストをするところもある。ホノルルのダウンタウンでは、20年以上続くホノルル市主催のクリスマスイルミネーションが楽しめる。
　ハワイではハヌカ（ユダヤ教の祭典）は、リンダ・リングル州知事がユダヤ系であることから、近年になって市内やホノルル国際空港でも、9本の燭台を持つハヌカ祭の燭台（ハヌキア）が飾られるようになった。

大晦日
　アヒの漁獲量と価格がテレビや新聞のトップニュースを飾ると、ハワイの年末が到来する。ハワイでは日系アメリカ人以外でも正月にはアヒの刺身を食べる習慣があり、年末のアヒ価格はこの時期のニュースにもなる。街角では独立記念日と同じように花火や爆竹が販売される。爆竹は中国人移民が伝えたもので、ハワイの大晦日に欠かせぬイベントとなっている。大晦日の花火と爆竹による大量の煙を吸い込んだり、火傷をする人たちが出るため、病院は大忙しとなる。また、火事騒ぎも多く、消防局もフル回転となる。現在は爆竹や花火の購入が許可制のため、騒動は以前ほどではないが、賑やかな点は変わらない。

HAWAIIAN LIFESTYLE

基本情報

「禁断の島」と呼ばれる島は？

アメリカ合衆国ハワイ州

　ハワイの正式名称はハワイ州「State of Hawaii」、つまりアメリカ合衆国を構成するひとつの州だが、もともとはハワイ王国という独立国家だった。そのような背景をもつことから、他のどの州とも異なるユニークな存在であり続けている。州や市の庁舎、飛行場をはじめ、アメリカ国旗が揚げられているところには、かつてのハワイ国旗をベースにしたハワイ州旗も併せて掲げられ、公式行事では国歌斉唱とともにハワイ王国の国歌であったハワイ州歌「ハワイ・ポノイー」（カラーカウア王・作）が歌われる。

　ハワイはアメリカの州でありながら、本土在住のアメリカ人でさえ、広大な太平洋に浮かぶ常夏の楽園というエキゾチックなイメージを抱いている。「遥か」という言葉は誇張でなく、ハワイに最も近い西海岸からでも3000km以上を隔てている。ハワイ在住者はアメリカ本土をメインランドと呼ぶが、メインランドからの旅行者は非日常的なトロピカルパラダイスをこの島に求めている。

　ハワイの主要8島のうち、人が生活しているのは、カホオラヴェ島を除く7島。このうちニイハウ島は1864年から現在に至るまで個人所有となっている。この島で生まれ育った人以外、基本的に上陸はできないため、「禁断の島」とも呼ばれている（→P.59）。

　ハワイ州全体の面積は1万6634.5km²。しかし、ハワイ島では現在も活発な火山活動が続き、溶岩の大地を広げている。ハワイはまさに生きている地球を実感させてくれる場所だ。

人口

　2006年現在、カホオラヴェ島を除く主要7島には約128万人が暮らす。前年比で約1万2000人が増加した。自然増が約8600人、新移住者が約6700人となっている。2000年以降、アメリカ本土に移動するハワイ州民は減少し、海外移住

者が増加する傾向にある。

　人口の約70％がオアフ島に在住し、続いてハワイ島、マウイ島、カウアイ島、モロカイ島、ラナイ島の順となる。

　人種比率では白人系が全人口の24.3％、アジア系（日系人20％を含む）が41.6％、また「ふたつ以上の人種」と申告する「複数の民族ルーツをもつ人」の比率が21.4％となっている。アメリカ合衆国全体の人種比率は、白人系が75.1％、アジア系は3.6％、複数の民族ルーツをもつ市民はさらに少ない。このことを考えると、ハワイ州の民族構成がいかにユニークであるかがわかる。ニューヨーク州はハワイ州と同様、人種の坩堝（るつぼ）と形容されるが、複数民族のルーツをもつ人の比率はハワイほど高くない。また、全米では0.1％ほどのポリネシア系市民も、ハワイ州では州人口の10％近くになる。

　さまざまな国の血と文化が交ざり合ったハワイ文化は、島の魅力のひとつともいえるだろう。

政治

　ハワイは連邦政府、州政府、市・郡政府の3層で政治が行なわれている。このうち、市民が最も大きな影響を蒙るのは州政府行政だ。2007年時点のハワイ州知事は2002年11月に初当選し、2期目を務めるリンダ・リングルで、長く続いた民主党政権を破って当選した2代目の共和党州知事でもある。1期目、2期目ともにジェイムス・デューク・アイオナが副知事を務めている。2007年時点のホノルル市長はムフィ・ハネマン、ハワイ郡長はハリー・キム、マウイ郡長はシャーメイン・タヴァレス、カウアイ郡長はブライアン・J・バプティストとなっている。

ハワイの州都はどこ？

ハワイ州の主要都市

　ハワイ州はホノルル市郡（オアフ島）、マウイ郡（マウイ島、ラナイ島、モロカイ島）、ハワイ郡（ハワイ島）、カウアイ郡（カウアイ島、ニイハウ島）の4つの市郡からなり、それぞれに市長／郡長が選出され、市郡政府による行政が行なわれている。

　ホノルル市郡の官庁所在地はハワイ州都でもあるホノルルに置かれている。最近では第二のホノルルと称されるカポレイで住宅開発と都市開発が進み注目を集めている。カポレイは正式には市として制定されてはいないが、ホノルル市郡政府の関連事務所が移転するなど、副都心としての顔を持ちはじめている。

　マウイ郡の郡庁所在地はマウイ島ワイルクで、観光名所であるイアオ渓谷の入口に位置する。20世紀にはマウイ島の観光地といえばここを指したが、カアナパリなどにリゾートが開発されたあとは政治・ビジネスの役割に専心している。

　ハワイ郡（ビッグアイランド）は広大な規模の島の中に、東部の中心地であるヒロ、西部の中心地であるコナがある。郡庁所在地はヒロ。雨が多くしっとりとした緑に覆われ、日系人が多い。また、日本庭園のあるノスタルジックなたたずまいが日本人に郷愁を感じさせる。

　カウアイ郡の郡庁所在地は、カウアイ島の玄関口ともなっているリ（ー）フ・エで、空港や郡行政機関、ショッピングセンター、コンベンションセンターなどが集まっている。

ココナッツ・アイランドとヒロの町

7月31日は何の日？

ハワイの州旗

　現在のハワイ州旗として使用されているのは、カメハメハ1世の時代に作られた「カ・ハエ・ハワイ」と呼ばれるもので、イギリス国旗のユニオンジャックがカントン（旗の左上に区切られた部分）に、ハワイの主要8島を表わす8本のラインが上から白、赤、青の繰り返しのカラーでデザインされている。カ・ハエ・ハワイが作られる前、カメハメハ1世はイギリス船の船長ジョージ・バンクーバーから、イギリス国王ジョージ3世による贈与品としてイギリス国旗を受け取った。当初は国旗掲揚の意味をあまり理解しないまま、公邸や船に掲げていた。当時ハワイに寄港した他国の船舶はイギリス国旗が掲揚されているのを見て、ハワイがイギリスの統治下にあると勘違いする者も多く、結果的にハワイを侵略から守る役割も果たしたとされる。その後、カメハメハ1世はハワイにも独自の国旗が必要と考え、カ・ハエ・ハワイが制作された。

　カ・ハエ・ハワイはアメリカ合衆国の州となった際に州旗となり、今日に至っている。1990年には当時の州知事ジョン・ワイヘエ氏によって7月31日がハワイ州「州旗の日」と制定された。アメリカの全州に州旗は存在するが、アメリカ国旗とともに掲揚されるのはハワイ州しかない。

アメリカ国旗（左）とハワイ州旗

ホノルルの晴天率は何％？

気候

　亜熱帯に位置するハワイ州の年間平均気温は24℃で、海水の平均温度は23〜27℃、年間を通して過ごしやすい気候となっている。

　ハワイは一年中夏の気候が続くように思われがちだが、ささやかながら天候や気温、太陽の光の違いなどがあって、四季を感じることができる。

　雨季にあたる11月から3月には最低気温が10℃台半ばまで落ちることもある。雨季の平均気温は最高気温21〜23℃、最低気温18〜21℃となっている。最近は、地球温暖化の影響か、雨季が長くなり、天候の安定しない期間も長引く傾向にある。

　雨季を終えた4月頃からは、つかの間の春を通り越し、夏を思わせる太陽が、青空をより一層青く高く輝かせはじめる。夏季の最高気温平均は29〜31℃、最低気温は21〜23℃ほど。貿易風の影響で湿度が低く、蒸し暑い日が少ないので、楽園を享受できる。

　常夏のハワイを特徴づける貿易風も、一年のうち何度かは弱まることがある。逆方向の南西から吹くコナ・ウインドと呼ばれる風に変わると、じっとりとした蒸し暑さに包まれる。

　島や地域によって、気温や気候の変化の度合いは異なる。たとえば晴天率はホノルルでは約70％なのに対し、雨の多いハワイ島ヒロでは約40％ほど。ただし、雨はたいてい早朝にのみ降る。マウイ島のハレアカラの頂上では夏でも氷点下になることがあるのはよく知られている。ハワイ島のマウナ・ケアでは冬に積雪があり、スキーを楽しむこともできる。山頂に雪を湛えたマウナ・ケア火山を背景に、ヤシの木の揺れる海岸から、ザトウクジラのジャンプする海を眺めることができるのも、ハワイならではといえるだろう。

　島では雨季以外でもシャワーまたはブレッシング（*1）と呼ばれるにわか雨がよく降る。雨季にシトシトと降り続く雨と違い、シャワーは一日数回、サラサラと降る程

度だ。雨脚はきわめて弱く、体感的にも爽やかだ。降り止んだあとには太陽が現われ、空に美しい虹がかかる。シャワーで傘をさすハワイ住人はいないのだ。

　2006年3月、連続42日間という長雨記録が樹立された。ハワイで雨が一日中降り続くことはとても珍しい。

*1　ハワイの人々にとって雨は天からの授かりものだという認識がある。そのため、降雨はブレッシング（祝福）と捉える。

虹

レストランでのチップの目安は？

通貨＆チップ

　通貨はアメリカ合衆国のドルだが、ワイキキなどの主要観光地では日本円での支払いも可能なビジネスも多い。ただし他州と同じく、サービス業ではチップの習慣がある。チップは、厳密には受けたサービスに対する感謝の気持ちであり、チップの額はサービスの評価を表わすという考え方もあるが、サービス業にたずさわる人にとっては収入の一部であるということも覚えておきたい。

　チップを受け取ることを前提に賃金が低めに設定されている職種もある。現金で受け取るチップであっても、もらう側はその金額を給料収入に加算して申告し、税金を支払う。「チップとはサービスの良し悪しを事細かに客側が評価し、その額や払うか払わないかは客側が決める」という考え方は間違いではないが、チップを疎んじると誤解や摩擦を生むことが多いことをわきまえておきたい。不本意なサービスを受けたときには1セントコインをチップとして置いて抗議を示す、という話を聞いたことのある人もいるだろうが、このやり方をするアメリカ人はほとんどいない。相手の態度を正すことが目的であれば、店の責任者を呼んでその場で話をすることが望ましい。アメリカでは無言の主張より、自分の意見をはっきりと伝えることが大切とされる。

　世界からの旅行者が集まるワイキキでは、最初からチップを加算してチャージするレストランなどもあるが、その背景には客がチップの計算をする手間を省くことと、チップを忘れる人やチップの習慣を知らない人からも確実に徴収するという理由がある。レストランによっては、大人数のグループでの食事に対してのみ「＊人以上のグループの場合は＊％のチップを加算させていただきます」とあらかじめ注意書きが記されているところもある。

　良心的なチップの目安は、レストランでの食事で15〜20％。この額も、レストランの格で判断してかまわない。カジュアルダイニングのランチであれば15％でもいいだろうし、5つ星レストランで丁寧なサービスを受けるのであればそれなりのチップ

額を払うのは客側の礼儀でもある。

　チップはアメリカに長くある習慣の一部なので、観光サービス業が重要な位置を占めるハワイ経済を支えるものとして、快く受け入れるのがスマートなハワイ滞在を楽しむコツだろう。

■チップの目安

レストラン	15〜20％
ブッフェスタイルのレストラン	テーブルに10％程度
セルフサービスのカフェ スタイル	不要
ビューティサロン／スパ	15〜20％
マッサージ	15〜20％
タクシー	10％（荷物を手伝ってもらった場合は1個につきプラス$1）
ポーター／ドアマン	荷物1個につき$1
ホテルのハウスキーピング	$2

米ドル紙幣と各種コイン

オアフ島で交通渋滞が多いのはなぜ？

🌴 交通

　ハワイ6島を結ぶ交通機関は2007年現在、飛行機の定期便がほとんどを占める。アロハ航空、ハワイアン航空、ハワイアイランドエアー社、そして近年新参入したゴー！エアラインやパシフィック・ウイング、モクレレ社などが乗り入れており、低価格競争が繰り広げられている。そのほか、小規模ながらフェリーが就航している。

　飛行場によっては大型機の離着陸ができないため、プロペラ機専用のところもある。島間空路はそれぞれ30分～1時間の短距離で、9.11（NY世界貿易センター事件）以降に空港内セキュリティが強化されるようになるまでは、気軽な乗り合いバス感覚で利用された。

　島間交通には現在、ハワイ・スーパーフェリーの就航計画が進んでおり、車両搭載も可能な定期フェリーの開通は島間交通と島間旅行に新時代をもたらすといわれている。ハワイ・スーパーフェリーの就航は2007年中にオアフ島－マウイ島間、オアフ島－カウアイ島間にそれぞれ1便ずつを予定し、2009年にはオアフ島－ハワイ島間も開通する予定だ。

　島内に公共交通システムがあるのはオアフ島のみ（*1）で、そのオアフ島でも自家用車を利用する人のほうが圧倒的に多く、車なしの行動は難しい。高速道路はオアフ島のみで、H1、H2、H3の3つが運用されている。

　オアフ島内のほぼ全域を網羅する路線を提供しているホノルル市営バス（The Bus）は、島民だけでなく旅行者も気軽に利用できる交通機関として定着している。バスで島一周の観

オアフ島内を巡るThe Bus

光を楽しむことも可能だ。

　カウアイ島、オアフ島、マウイ島、ハワイ島では年々交通渋滞の問題が深刻になっているが、特に人口の多いオアフ島では郊外の住宅開発と車両数の激増で、通勤通学時の交通渋滞が深刻な問題となっている。こ

オアフ島の高速道路

の解決策として大型公共交通システムの開発が求められてきた。これまで幾度となく鉄道やモノレールなどの計画が州議会や市議会で検討されたが、実現に至ることはなかった。しかし、ついに2006年12月、ホノルル市議会は公共交通システムの開発計画にゴーサインを出し、本格的な開発事業を開始した。オアフ島では事業の財源確保の目的で、2007年よりこれまでの一般消費税4.166％に加え、ホノルル市郡付加税約0.5％（0.546％）が加算された。2007年現在、実質的な工事には入っていないが、オアフ島に新型の鉄道システムがお目見えする日も近い。

*1　マウイ島、ハワイ島などにも毎日定時に運行するバスはあるが、きわめて限られたものでしかない。

ハワイ州の最低賃金はいくら?

ハワイでの生活

飲酒・喫煙

　飲酒と喫煙の合法年齢はそれぞれに異なる。飲酒は21歳以上。酒類を販売する商店、飲食店は身分証明の確認を行なう義務と権利がある。私有地以外の公園やビーチを含む公共の場での飲酒は州法で禁じられている。

　タバコの喫煙は18歳以上。ハワイ州は全米で最も厳しい禁煙法（*1）が施行されている。この法律は、公共の場や職場などにおける非喫煙者を二次喫煙の害から守ることを目的につくられた。州内の飛行場、タクシーやバスなどの公共交通機関、すべての飲食店、ショッピングセンター、ホテル（喫煙可能な客室を除く客室、ロビーや通路など）、スポーツ施設、屋外施設、スタジアム、屋外劇場、ハワイ州および市郡が所有する建造物が禁煙。また、禁煙指定場所でなくても禁煙施設のドアや窓が20フィート（約6メートル）以内にあるときは煙が届く恐れがあるので禁煙区域となる。違反者は、罰金刑に処せられる。

運転免許

　社会保障番号を持つ人で、15歳6カ月以上であれば路上練習許可の仮免許の取得が許される。18歳未満の未成年者の免許申請には保護者の承諾署名が必要となり、資格を有する運転インストラクターによる30時間の指導と、合計6時間以上の路上訓練が義務づけられている。18歳以上は視力検査と学科試験を受け、1年間有効の仮免許を取得する。ハワイ州での運転免許を持つ人が同乗していれば公道での訓練が許可される。自動車学校もあるが、個人で練習することが多い。仮免許取得から1年以内に本免許取得のための路上試験を受けなければならず、試験にあたってはハワイ州の運転免許と車を所有する者が同行しなければならない。

　運転免許を取得するには社会保障番号が必要となるが、非居住者には発給されない。一時滞在者が米国の運転免許を入手するには、外国人向けの運転免許

取得申請の書類を作成し、筆記と実技の試験を受けなければならない。

　ハワイ州では筆記試験で英語以外を選択することができる。日本語での受験も可能だ。また、日本人の免許取得希望者を対象とした指導教官もいる。

物価

　第二のバブル期といわれる不動産ブームの影響でハワイ州の不動産価格は高騰を続けている。なかでもオアフ島とマウイ島の住宅販売価格は合衆国全体で比べても屈指の高価格だ。また、賃貸料もニューヨーク州やカリフォルニア州を抜き、2006年時点で、全米一の高さにある。不動産価格の高騰はホームレスを生み出す要因ともなり、ハワイ州の抱える深刻な問題のひとつとなっている。

　ハワイ州は生活物資の多くを島外からの輸送に頼っているため、全体的に物価が高い。ハワイも他州と同じく車社会だが、ガソリンの価格も全米一となっている。住宅価格や物価から算出された「ハワイで平均的な生活を送るための最低時給」は23.53ドルだが、2007年現在のハワイ州の最低賃金は時給7.25ドルにすぎない。ハワイ州では共稼ぎ家庭が多く、複数の仕事を持っている者も少なくない。そのせいか、ハワイ州の物価は全米一高いが、失業率は最も低い。

社会問題

　美しい楽園というハワイのイメージの裏には、いろいろな問題がある。なかでも麻薬問題は根深い。犯罪や貧困、ホームレスの増加へとつながっている。行政は地域社会と協力し、麻薬売買の取り締まりや麻薬依存を生む社会状況の改善などの対策を進めている。ハワイ州では他州と比べて低価格で入手できるため、心身への悪影響の大きい覚せい剤の依存者が多く、大きな社会問題となっている。麻薬使用の低年齢化や、家族が麻薬依存者である家庭の子どもが麻薬依存症になるという悪循環を断ち切るため、州内の教育機関では麻薬に関するプログラムを設けるなどして、早くから麻薬の芽を摘む対策をとっている。

*1　ヘルシー・エア・ワークプレイス法

ハワイ州花のハイビスカスは何色?

イメージを彩る花、木、動物たち

アメリカでは各州にそれぞれを代表する花や木、動物が指定されている。

ハワイ州の花はハイビスカス。南国のイメージそのものともいえるハイビスカスは、鮮やかな赤色がすぐに思い浮かぶが、ハワイ州花のハイビスカスは黄色となっている。ハイビスカスの花は島のいたるところで見られる。住宅街の生垣や道端、公園などでふつうにその姿を鑑賞できる。

州の木は、ポリネシア人が持ち込んだククイだ。ククイの木の実は照明や薬など多用途に利用された。現在では実の部分がレイに使われるほか、近年では着色されたものや貴金属と組み合わせたものがジュエリーとしてアメリカンカジュアルファッション界で注目を集めるようになった。

州の鳥はハワイガン(固有種)で、ネネと呼ばれる。一時はその生息数が激減し、絶滅の危機に瀕したが、保護活動により生息数を増やしつつある。ネネの名は、鳴き声をそのまま名前にしたといわれている。またハワイ州には州の海洋動物の指定もあり、毎年冬季にハワイ諸島の海域にやってくるザトウクジラが州の海洋動物に指定されている。

ハワイアン・ハイビスカス

観光

「アロハ」にはどういう意味がある?

アロハスピリット

　ハワイ観光産業のスローガンともなっているコンセプトが「アロハスピリット」だ。
　アロハスピリットという言葉は近代になってから、ハワイの魅力の根源となる人々の優しさ、温かさ、伝統的なもてなしの心を総称して呼ばれるようになったものだが、その基本は「Aloha（アロハ）」というハワイのライフスタイルの核ともなっている。
　アロハは単なる挨拶の言葉ではない。この言葉には「愛」とか「慈しみ」という意味がある。また、「Alo」と「ha」というふたつの言葉に分けられるという説もある。「正面に向き合い息をする」、あるいは「お互いの息を分かち合う」といった意味で、人間同士がエネルギーを共有するということを意味している。
　アロハは古代から伝わる「オハナ」がベースになっている。旅人たちがハワイで体験する島の人々の温かさは、このオハナの精神に基づいている。オハナとは家族という意味のハワイ語だが、人間同士の関係はもちろん、すべての生きものとの関係をも示している。
　アロハスピリットは、昔も今も、そして将来も、変わらずに続くハワイの人々の誇りといえるだろう。

ハワイブームの火つけ役は誰？

観光の歴史

　1866年に新聞記者として来島したマーク・トウェインが、ハワイの魅力をカリフォルニアの新聞『ユニオン』に発表すると、カリフォルニア州の住民のあいだにハワイブームが起きた。

　ハワイが世界の人々が愛する観光地としての歴史を歩みはじめたのは、1900年代に入ってからだ。ハワイ最初のホテルは、1872年に開業したハワイアンホテルで、1901年にはモアナ・ホテル（現モアナ・サーフライダー・ウェスティン・リゾート）が誕生した。1903年には観光局の前身となるハワイ宣伝委員会が発足した。

　1912年、ストックホルム・オリンピックで、水泳100メートル自由形のアメリカ代表に小麦色の肌を持つ青年が彗星のように現われ、金メダルを獲得した。この青年はワイキキ生まれのデューク・カハナモクで、またたく間にスターになった彼は各地でサーフィンを披露し、全米に「ハワイ」と「サーフィン」の存在を知らしめた。

　ホノルル港は自然の造形に恵まれており、本格的な船舶時代に備えて港湾整備が行なわれた。ハワイ州の海運産業で重要な位置を占めるマトソン海運では、1925年にカリフォルニアとホノルルを結ぶ大型客船マロロ号の定期就航を開始。さらに乗客宿泊用ホテルとして、1927年、ワイキキにロイヤル・ハワイアン・ホテルをオープンした。モアナ・ホテルやロイヤル・ハワイアン・ホテルの創業時には、家具一式、車、使用人まで、すべてを豪華客船に乗せた富豪たちが、何カ月もの長期滞在でエキゾチックな日々を楽しんだ。

　順調に上向きになりつつあった旅行者数は、1929年のアメリカ大恐慌の影響で減少したこともあったが、1930年代に入ると軍需景気に煽られ、ますます注目を集めるようになっていった。アメリカ本土に向けての積極的な宣伝活動も始まり、ハワイから全米向けに放送されるラジオ番組『ハワイ・コールズ』もこの頃にスタートした。番組は1935年から40年間続く記録的長寿番組に成長。ハワイのPRに一役買っただけでなく、スティール・ギターのメロディに英語歌詞をのせて歌うハワイ

アンミュージック「ハパ・ハオレ」(→P.137)を誕生させ、全米の人気をさらった。

同じく1935年には、パン・アメリカン航空が初の太平洋横断定期便としてサンフランシスコとホノルル間に飛行艇チャイナクリッパーを就航させ、それまで船で4日かかったハワイへの旅を21時間半に短縮した。アメリカ本土とハワイを結ぶ空路は、1947年、パン・アメリカン航空に次いでユナイテッド航空が乗り入れを開始し、その後の飛行機時代をつくり上げた。

戦争の暗い影が忍び寄ると、ハワイは太平洋の基幹基地としての重要な役割を担い、軍需景気が高まっていった。1941年12月、旧日本軍の真珠湾攻撃により太平洋戦争が勃発。ハワイへの観光旅行は禁止されるが、基地の島としてのハワイには多くの軍人が駐留し、その数は一時、総人口を上回るほどとなって、経済的には大いに潤った。

1945年、太平洋戦争が終結。日本の降伏文書の署名が行なわれた戦艦ミズーリ号は現在、歴史博物館となってオアフ島真珠湾に永久停泊しており、USSアリゾナ記念館とともに多くの観光客を集めている。

その後、ハワイは観光産業の強化を図っていった。また、戦争中の駐留でハワイを知った退役軍人たちの口コミで、ハワイの人気は高まった。

1959年、ハワイがアメリカ合衆国の50番目の州となったのをきっかけに、ハワイブームに拍車がかかる。この年にはジェット機が就航、巨大なモール(商店街)であるアラモアナ・ショッピングセンターも完成する。また、ハワイを舞台にしたABCのテレビドラマシリーズ『ハワイアン・アイ』の全国放送がスタートし、エキゾチックな島の情景はアメリカ本土の人々を魅了した。1922年にハワイを訪れた観光客数は9672人だが、その37年後には20万人に達した。

1960年代に入ると、オアフ島に続いてマウイ島など、ネイバーアイランドでのリゾート化が始まる。1961年にはエルヴィス・プレスリーの主演映画『ブルー・ハワイ』が爆発的な人気を呼んだ。

2007年現在、ハワイ州を訪れる観光客は700万人に迫り、オアフ、マウイ、ハワ

イ（ビッグアイランド）、カウアイ、モロカイ、ラナイの6島で、それぞれの土地の特徴を活かしたリゾート地が世界中の旅人を受け入れている。

戦艦ミズーリ記念館

USSアリゾナ記念館

モロカイ島のニックネームは？

🌴 観光スポット

オアフ島

　ニックネームは「集いの島」。その名のとおり、世界中から観光客、ビジネス、文化、トレンドが集まる太平洋の大都市で、ハワイ諸島のなかで最も開発が進んでいる。観光のメインはワイキキで、旅行者の求めるものは何でも揃っている。島内にはシーライフパーク、ポリネシアン・カルチュラルセンター、ハワイアン・アドベンチャーズ・ウォーター・パークなどの大型観光アトラクションや大型ショッピングセンターも充実している。

　オアフ島はハワイ州の全人口の70％以上が暮らす大都市で、年間500万人以上の旅行者が訪れるが、島を取り囲む海の美しさや古代の神秘をそのままに残す自然も魅力のひとつとなっている。島を一周すると、次々と表情を変える景観やのどかなローカルタウンが出現する。北部海岸のノースショアはサーフィンのメッカとして知られ、冬季には世界中からトップクラスのサーファーが幻のビッグウェイブに挑戦するために集まる。

マウイ島

　ニックネームは「渓谷の島」。リゾートと手つかずの大自然の共存が魅力となっている。マウイ島最高峰のハレアカラを中心に、ハワイの人々が「マウイ・ノ・カ・オイ（マウイは最高！）」と呼ぶ自然が広がる。ハレアカラ国立公園はそのなかでも一番人気のスポットで、標高3055mの頂上直下まで車で上がることができる。「太陽の家（ハレアカラ）」と名づけられた山頂から見る日の出の美しさは広く知られている。捕鯨時代のノスタルジックな面影を残すラハイナ、大規模リゾート開発で知られるカアナパリやカパルア、ワイレア、素顔のマウイライフに出合えるキヘイ、ワイルク、魅力あるローカルタウンのマカヴァオ（マカワオ）、パイア、そしてウィンドサーフィンのメッカのホオキパや幻のビッグウェイブの訪れるジョーズなどのサーフスポッ

トも充実している。秘境ハナへの小旅行もマウイ島の大自然を堪能する重要スポットといえる。毎年11月から3月頃まではホエールウォッチングの島ともなる。

ハワイ島

　ニックネームは「ビッグアイランド」。主要8島がすべて収まる巨大な島だが、四国の半分ほどの大きさでしかない。諸島のなかで最も新しく、最も活発な火山活動の続く島でもある。スケールの大きさが魅力で、なかでもキラウエアのあるハワイ火山国立公園が人気を集める。公園内に広がる黒々とした大地は圧巻。ときには真っ赤な溶岩が流れる様子を間近に見ることもでき、大地のエネルギーを感じさせてくれる。島の中央部にはハワイ州最高峰のマウナ・ケアとマウナ・ロアがそびえ立ち、冬には頂上に雪を頂く姿を眺めることができる。パニオロ（ハワイアン・カウボーイ）の歴史を生んだ、個人所有の牧場では全米有数の規模を誇るパーカー牧場も観光アクティビティの名所となっている。大自然のダイナミズムがこの島の最大の魅力だ。島には雨と虹で知られる北東のヒロと、リゾートタウンとして成長しつづける西海岸のカイルア・コナの2大都市がある。

カウアイ島

　ニックネームは「庭園の島」。ハワイ諸島最古の島は、深い緑と美しい渓谷が広がる。島の中央山岳部には世界有数の多雨地帯があり、これらの山々からは豊かな水が流れ出している。観光名所として知られるシダの洞窟は、この滝がつくり出したワイルア川沿いにある。島の長い歴史のなかで風雨の浸食でつくり上げられた大自然の美に出合えるのはカウアイ島ならではの魅力であり、太平洋のグランドキャニオンと呼ばれるワイメア・キャニオンや最大海抜1000m以上の切り立った崖が続くナパリ・コーストなど、見どころは尽きない。カウアイ島の自然美はハリウッド映画のロケ地としても人気を集めており、『ジュラシック・パーク』など数多くの撮影が行なわれている。リゾート地区はプリンスヴィル、カパア、ポイプ地区などにある。

モロカイ島

　ニックネームは「友情の島」。のどかさを絵に描いたような島の空気は、旅人の心と体を癒してくれる。先住ハワイ人の血を引いた住民の割合が他島に比べて多く、古い伝統や風習が静かに息づく島でもある。モロカイ島最大の町カウナカカイは、昔ながらの町並みと人情が残っている。カウナカカイの名所として知られているのが、老舗のパン屋であるカネミツ・ベーカリーだ。食堂を併設し、早朝から営業しているが、ユニークなのは店の営業後、焼き上がったできたてのパンを深夜に購入できることだ。島の西端にはハワイ州最大のビーチであるパポハク・ビーチがある。また、ミュール（ラバ）に乗って、島の秘境であり国立歴史公園に指定されている街カラウパパを訪ねるツアーは、モロカイ島の歴史の一端を知るうえで興味深い。

ラナイ島

　ニックネームは「魅惑の島」。かつてはパイナップル畑が島の60％を占め、パイナップルアイランドと呼ばれた。1990年代後半に超高級リゾートホテルとゴルフコースが開発されてからは、リゾートの島へと大きく変わりつつある。島の南東にはプウ・ペヘ（恋人岩）が、北海岸にはシップ・レック（難破船）が、またラナイ・シティーの町の中央には巨大なクックパインの立ち並ぶ公園がある。島の北西部には赤褐色の土地と岩が広がる、この世の果てのような「神々の庭園」がある。町の南東には古代のハワイの人々が刻んだ岩刻画（ペトログリフ）もある。

オアフ島－ハワイ島間の飛行時間は？

ネイバーアイランドの魅力

　ハワイ在住者は、オアフ島以外の島をネイバーアイランド（近隣の島々）と呼ぶ。ハワイの観光はオアフ島を中心に、ネイバーアイランドそれぞれに世界的リゾートを展開している。その魅力は、オアフ島ではなかなか実現し得ない広大な敷地を贅沢に使った開発にある。大自然の造形をそのままに活かし、なおかつハイクラスなリゾートとしての便利さとゴージャスさを兼ね備えている。また、観光地化されていない地域には、古き良きハワイの面影を色濃く残すローカルタウンや史跡があり、それゆえ、オアフ在住者でも、ネイバーアイランドへの旅は非日常を楽しむ小旅行と捉えている。

　ハワイ諸島間を結ぶ交通手段は飛行機中心だが、飛行時間は最長でも数十分という距離だ。2001年9月11日の同時多発テロ勃発までは、定期バス感覚で気軽に乗る乗り物だった。空席さえあれば、予定の前の便でも搭乗できる時代もあった。そんなバス感覚の時代ほどではないが、今も地元の人たちは、ローカル御用達の手荷物バッグともいえそうな近所のスーパーマーケットのビニール袋にゴム草履、という軽装で飛行機に乗り込むことが多い。

ネイバーアイランドを飛ぶ飛行機

「湧き出る水」をハワイ語にすると?

ワイキキ　入植時代

　ワイキキはハワイ語で「湧き出る水」という意味をもつ。コオラウ山脈に降った雨がヌウアヌ、パロロ、マノアの3つの水源から湧き出る清水となって流れ込み、ワイキキで海水と交わることでマナ(霊的な力)が生じるとされた。のどかな海辺の集落には、穏やかな気候と豊かな水を湛えた湿地帯を利用してカロ(タロイモ)水田や養魚池が広がっていた。

　マナの宿る湿地帯を「癒しの場所」として利用しはじめたのは、ハワイの首長たちだ。カメハメハ1世がハワイ全島を統治するまで、オアフ島で勢力をもっていた首長はワイキキを首都とした。現在のロイヤル・ハワイアン・ホテルが立つ場所は「ヘル・モア」と呼ばれ、オアフ島の首長だったカクヒエヴァ(カクイエヴァ)が植えた1本のココヤシから、今日の風景がつくられたという。

　1795年、ハワイ全島制圧をもくろむカメハメハ1世は、大軍を率いてオアフ島に上陸。その船団は現在のカハラ地区からワイキキの海岸線に連なるほどだったという。カメハメハ軍はワイキキのヘル・モアに陣を取り、オアフ島を治めてハワイ諸島を統一、ハワイ王国をつくり上げたのだった。

かつて湿地帯はカロの水田(ロ・イ)にすることが多かった

王家ゆかりのショッピングモールとは?

🌴 ハワイ王朝とワイキキ

　ワイキキには現在もハワイ王朝ゆかりの地や史跡が数多く残されており、ワイキキを散策しながら歴史を訪ねるウォーキングツアーも提供されている。ワイキキ歴史街道ツアーはボランティアの案内人によって行なわれており、日本語によるツアーも楽しめる。

　1860年代にワイキキを訪れた作家マーク・トウェインは、当時のワイキキを「王立のココナッツ林があり、12軒ほどの涼しげな小屋が立ち並んでいる」と書き残している。

　ワイキキビーチ沿いに81万m²もの広大な敷地を持つカピオラニ公園は、ホノルル市民に憩いの空間を提供するとともに、ホノルルマラソンのゴール地点としても知られている。この公園はカラーカウア王の所有する土地だったが、彼はカピオラニ女王が亡くなると、愛妻を偲んだ公園にしてホノルル市民に開放した。1876年の完成当時、公園内には大きな入り江や本格的な競馬場があり、その後はポロ競技場となった。

　1955年にマトソン海運によって創業されたプリンセス・カイウラニ・ホテルの立つ場所は、1800年代は「ア(ー)イナハウ」と呼ばれる王家所有の土地だった。4万m²の敷地に立つ邸宅は、ハワイ王朝のヴィクトリア・カイウラニ王女が幼少期に祖母から譲り受けたもので、カイウラニ王女は母ミリアム・リケリケ王女の死後、わずか12歳で邸宅の主となった。この邸宅にはピカケの咲く花園があり、カイウラニ王女の愛した孔雀が放し飼いにされていた。

　現在、ショッピングのメッカとなっている場所にも王家ゆかりの場所がある。ワイキキの中心に立つ大型ショッピングモールのロイヤル・ハワイアン・ショッピングセンターは、ヘル・モアにカメハメハ5世が建てた邸宅の跡地だ。この邸宅は後にカメハメハ1世の曾孫にあたるバーニス・パウアヒ・ビショップ王女が所有し、バーニス王女は遺言で王女の財産をネイティブハワイアンの血を引く子どもたちへの教

育提供に使用するよう定めた。この遺言に従ってビショップ財団が創設された。

　カメハメハ4世の妻、エマ女王の別荘地跡に現在立つのは、みやげ物店が立ち並ぶ一角をつくり出しているインターナショナル・マーケットプレイスだ。同地がエマ女王の所有になる前は、ハワイ初の選挙で選出された6代目王のルナリロが所有していた。

　ハワイ王朝時代の近衛兵の交替儀式が楽しめるショッピングモールのキングス・ビレッジもまた、王家ゆかりの地として知られる。この場所にはカラーカウア王の所有する2階建ての建物があった。

インターナショナル・マーケットプレイス

カメハメハ・スクールはいつ設立された?

ビショップ財団

　カメハメハ大王の曾孫にあたるバーニス・パウアヒ・ビショップは王族たちの遺産を次々と相続し、ハワイ屈指の資産家となった。彼女の死後、夫であるチャールズ・リード・ビショップは、「バーニス・パウアヒ・ビショップ・エステート・トラスティー(財団)」を設立し、「バーニス・パウアヒ・ビショップミュージアム(博物館)」やカメハメハ・スクールなど、ハワイ文化の啓蒙と普及に携わる組織を立ち上げた。また、豊富な資金を背景に、ハワイ王家の財政的な支援も行なった。

ビショップ財団とカメハメハ・スクール

　ビショップ財団は1884年に設立された私設組織で、ハワイ州のおよそ10％の土地を所有・管理する。カメハメハ・スクールに本拠を置き、選ばれた5人の理事がハワイの伝統文化の教育や啓蒙に携わるほか、ロイヤル・ハワイアン・ショッピングセンターなどの州最大の地主として不動産業も行なっている。

　カメハメハ・スクールは、ビショップ財団が1887年に設立した教育組織で、オアフ島ホノルル、ハワイ島ケア・アウ、マウイ島プカラニで小中高一貫教育を行ない、州内各地で31の幼稚園を運営する。スクールへの入学資格はハワイ人の血を引くことが条件となっている。2007年の生徒総数は6700人余。各種通信教育や奨学金を得ている者も含めると、その総数は15万人にのぼる。

ビショップ博物館

　1889年、チャールズ・リード・ビショップによってカメハメハ・スクールの敷地に設立された博物館。ハワイはもとより、ポリネシア全域の文化を研究・展示する。館内には、パウアヒ王女が相続した王家の遺品をはじめ、ハワイとポリネシア地域の文化財や各国移民資料などが200万点以上収集されている。また、標本類も2000万点以上が保管・展示されている。

アメリカでは珍しい交番は
オアフ島のどこにある？

🌴 土地の改良

　1896年、ハワイ王朝崩壊後に誕生したハワイ共和国の新法令によってワイキキの湿地帯は土地改良が義務づけられた。このため、ワイキキの土地は改良資金を持つ実業家や企業の手に渡っていった。

　1901年、モアナ・ホテルの誕生とともに観光地ワイキキの歴史が始まっていく。その翌年にはイオラニ宮殿などのあるホノルルの中心地とワイキキを結ぶトロリー電車も開通した(*1)。

　1921年にはワイキキの運河建造計画が始まり、運河を造るために掘り出した土砂でワイキキの湿地帯が埋め立てられていった。1928年のアラワイ運河の完成時には、湿地帯やカロ（タロイモ）水田がなくなり、ワイキキの様相は大きく変わっていった。アラワイ運河はワイキキ、カパフル、マノア、モイリイリ地区の下水道となっていた時期もある。アラワイ運河沿いの遊歩道はホノルル市による近年の改装事業で整備されており、散歩やジョギングを楽しむ静かな街並みをつくり出している。運河は伝統のアウトリガーカヌーの練習地としても知られており、水面をカヌーが行き交う様子はワイキキの風景のひとつでもある。

　その後、ワイキキは米本土や日本などの大資本の投資のもとにホテル群が立ち並ぶ街へと目まぐるしく変化していった。ワイキキの中心を走るカラカウア大通り沿いには、ホテル、レストラン、世界のトップブランドのショップなどが軒を連ねている。

　ワイキキは治安のよさを誇っており、アメリカでは珍しい、「交番」の存在する場所でもある。ビーチに面したホノルル警察ワイキキ交番は24時間稼動だ。交番内にはワイキキの主要ポイントに備えられた安全監視カメラのモニターが設置され、日本語のできる警官も常駐している。ユニフォーム姿の警官と記念撮影を楽しむ人も多く、ワイキキ・ビーチの名物となっている。

*1　現在は廃止されている。

「ホノルル」はハワイ語でどういう意味？

ホノルル・ストーリー

ホノルルとはハワイ語でHono（入江）Lulu（穏やかな）という意味をもつ。

ホノルル港は、その恵まれた自然の形状を活かして、ポリネシア人のオアフ島入植時代から利用されてきた。この湾に初めて乗り入れた外国船は1794年のイギリス船籍HMSバターワース号だ。船員たちはウィリアム・ブラウン船長への敬意を込めて、この港をブラウンズ港と呼んだが、ブラウン船長は「フェア・ヘイヴン（美しい港）」と名づけた。それがハワイ語に翻訳されて「ホノルル」となったという説もある。

1845年、カメハメハ3世（*1）はハワイの将来に大きな影響を与えるだろうこの場所に、当時マウイ島ラハイナにあったハワイ王朝の首都を移すことにした。そしてカメハメハ3世の見込んだとおり、ホノルルは港を中心に観光、貿易、文化の恵みを受け、成長していった。

1905年7月1日、オアフ島はアメリカ合衆国ハワイ準州の郡のひとつとして承認され、その2年後に「ホノルル市郡／City and County of Honolulu」の名において正式制定され、今日に至っている。

ホノルルの中心地に、イオラニ宮殿をはじめとするハワイ王朝時代の歴史建造物などがあるダウンタウンが広がる。ここはハワイの政治経済の中心地でもある。州庁舎や市庁舎のある官庁街にはハワイ王朝の歴史の面影が色濃く残り、それに隣接する近代的なビジネス街は太平洋地区における重要な経済センターとなっている。ダウンタウンの隣りにはチャイナタウンもあり、歴史とハイテクノロジー、西洋と東洋とが共存している。

*1　主都移転の制定は1845年だが、実際の遷都は1850年。

カメハメハ大王像はどこに立っている？

ホノルル史跡散歩

イオラニ宮殿

　アメリカ合衆国に存在する唯一の宮殿であるイオラニ宮殿の本体は、カメハメハ4世の時代にサンゴ礁の塊を使用して造られた平屋の住居だった。カメハメハ4世の遺志に従い、5世が「イオラニ」(*1)と命名した。ハワイ王朝末期となる1882年、デヴィッド・カラーカウア王は当時の先端技術と贅沢の限りを尽くし、今日の宮殿を創建した。

　カラーカウア王は歴代ハワイ王のなかで初めて世界旅行を経験するなど進取の気性に富む人物だったことで知られる。王は自国の宮殿建設の構想を胸に、訪問国で宮殿や王宮の様子を細かく観察し記録していたという。イオラニ宮殿には電気、電話、水洗トイレやシャワー、食事運搬用のエレベーターまで完備されていた。豪華な大広間では舞踏会や音楽会が開かれ、優雅な王室の暮らしが繰り広げられていたという。イオラニ宮殿の革新性を表わすもののひとつに、電気と電話がある。これらの設備は、ホワイトハウスよりイオラニ宮殿のほうが早かったのだ。宮殿はガイドツアーで見学が可能。年末にはカピオラニ女王の誕生日（12月31日）を記念して特別に夜の宮殿を開放する恒例の夜間ツアーが行なわれる。

*1　神の使いといわれた鳥。

イオラニ宮殿

カメハメハ大王像

　ホノルル市内観光に欠かせない記念撮影の場所となっているカメハメハ大王像は、イオラニ宮殿を正面から見守るようにして立っている。カメハメハ1世の生誕祭である6月11日は、カメハメハ・デーとして祝われる。銅像には数メートルもある花のレイが捧げられ、祝賀セレモニーが行なわれる。カメハメハ大王像はこのほかにも2体がハワイ島にある。最初のカメハメハ大王像はローマで彫刻され、フランスでブロンズ像に作り上げられたが、輸送中に難破し、船ごと海中に沈んだ。急遽製作された2体目の像がイオラニ宮殿前に設置され、1883年のカラーカウア王戴冠式の日に除幕式が行なわれた。1912年、海底から引き上げられたオリジナル像はカメハメハ大王の生誕の地とされるハワイ島コハラのカパアウに設置され、そのほかハワイ島ヒロにもう1体の銅像がある。

カメハメハ大王像

アリ・イオラニ・ハレ

　カメハメハ大王像の後ろに立つハワイ州最高裁判所のこと。ハワイ語で「天界の王の住む家」という意味をもつように、当初はハワイ王朝の王の住居となる予定で、1872年にカメハメハ5世のもとで建設が開始された。このとき、5世は土台の下にタイムカプセルを埋めた。タイムカプセル内には、ハワイ王国憲法や王族の写真、当時の新聞や郵便切手、コイン、書物などが収められていたという。このタイムカプセルは2005年にアメリカ軍がレーダーを使用して捜索した結果、その場所が確認されたが、タイムカプセルを取り出すことは建物の強度を損なうと判断され、そのままになっている。

　カメハメハ5世は1874年の竣工時には死去しており、当時のハワイ王朝政府専用の建物が必要とされていたことから、デヴィッド・カラーカウア王が政府庁舎の目的として使用することを定めた。

アリ・イオラニ・ハレ

カヴァイアハオ（カワイアハオ）教会

カヴァイアハオ教会

ホノルル最古の教会。カメハメハ2世と3世のふたりの王の時代をまたいで建設され、1842年に完成。教会の外壁は約1万4000個のサンゴ礁のブロックでできており、夕陽の光を浴びると教会の色も変わることでも知られている。ハワイ王朝時代には、王族の礼拝、戴冠式、結婚式などの儀式が行なわれた。国の歴史建造物に指定されており、教会内は自由に見学できる。ハワイ語で礼拝が行なわれる数少ない教会であり、現在でも毎週日曜日に行なわれている。敷地内には、同地への埋葬を希望したウィリアム・ルナリロ王の墓もある。

アロハタワー

1926年、ハワイ観光時代の幕開けを象徴するランドマークとしてハワイの玄関口ホノルル港に誕生。ハワイアンゴシックと呼ばれるスタイルで建造され、時計部分はボストンのハワード・クロック社から寄贈された。当時はホノルルで一番高い建物でもあり、現在でもそのノスタルジックな姿はホノルル市民に愛されている。船旅全盛時代はアロハタワーのもとでフラやハワイアンミュージックで旅行客をもてなした。

アロハタワー

中国からの最初の移民は何人だった？

チャイナタウン

　チャイナタウンはダウンタウンの近代的なビジネス街に隣接し、まったく違ったエネルギーを発散させている。ホノルルの台所とも呼ばれ、オアフ島内の有名レストランのシェフたちも、ここで食材を仕入れる。"オアフ・マーケット"周辺には、朝の訪れとともに新鮮な野菜や果物が道路にまではみ出して並べられ、国際色豊かに人々が行き交う。中国料理店や中国の食材、雑貨の専門店に並び、ハワイの伝統文化であるレイの専門店も多い。

　ホノルル港に到着した中国からの最初の移民は195人、1852年のことだ。サトウキビ産業の拡大に伴い、低賃金で雇用が可能なプランテーション労働者を確保するため、中国の貧困地帯を中心に移民が募られた。当時の契約は、月給3ドルで5年拘束という過酷な労働条件だったが、1876年までに3000人以上の中国人移民がハワイに渡っていることから、彼らの出身地での生活がいかに大変だったのかが窺える。

　1882年にはプランテーション農園で働く中国人移民の数は日本人を含むアジア諸国の移民に比べ圧倒的に多く、全体の半数近くを占めるまでになった。1884年にはホノルルの中国人の人口は5000人ほどに達したが、この頃には農園労働者の数は減り、農園での契約が終わると持ち前のビジネスセンスを生かして自営の道を切り開き、ホノルル港に近い一角に約10万m²に及ぶ巨大な中国人街を形成していった。その規模は米国に存在するチャイナタウンでは最大規模だ。当時の雑貨店や料理店はやがて銀行や郵便局となり、中国人だけでなくアジア各国からの移民たちにとっての中心地となっていった。

　その一方で、街には闇の世界も生まれ、活気溢れる街の裏側ではマフィアやギャングが勢力争いをし、麻薬売買や売春など、あらゆる犯罪の巣窟となった時期もある。これまでに街のほぼ全域を焼き尽くす大火を2度経験しているが、2度とも逞しい復興力で、再建を成し遂げた。

今日ではベトナムやラオスなど、アジア諸国からの新移民も起業しはじめているほか、アートギャラリーやレストラン、カフェなどが続々と進出し、ホノルルっ子の注目するアーティスティックでハイクラスなイメージが誕生しつつある。

中国人移民

現在のチャイナタウン

「カイマナヒラ」って何？

ダイヤモンドヘッドのある風景

　ダイヤモンドヘッドは海面直下で噴火したため、大規模な水蒸気爆発を起こして、今日に見られる巨大なクレーターを形成した。

　かつてはハワイ語で「レ（ー）・アヒ（マグロの額）」と呼ばれていた。ハワイ近海で獲れるマグロは先住ハワイ人にとっても馴染みの深い魚であり、この山の頂から魚群を確認したといわれる。

　レ（ー）・アヒは火山の女神ペレの住む神聖な場所とも信じられ、古代にはヘイアウが5つ以上もあったといわれている。しかしそれらのヘイアウは歴史の変動を生き延びることはできなかった。

　1941年の真珠湾攻撃後はアメリカ軍のトーチカが建設された。ハワイがアメリカ合衆国の50番目の州となってからは州立公園に指定され、軍使用の目的で造られた舗装道や頂上への階段は現在ではハイキングコースの一部となり、ホノルル市民や旅行者に親しまれている。

　レ（ー）・アヒがダイヤモンドヘッドと呼ばれるようになったのは1800年代に入ってからのことだ。この山にある方解石が太陽の光を受けて輝く様子を海上から見たイギリス船の船員が、ダイヤモンドと勘違いしたことが由来だといわれている。当初はダイヤモンドヒル、ダイヤモンドポイントと呼ばれた。ダイヤモンドヘッドはハワイ語に訳され「カイマナヒラ」とも呼ばれる。

20世紀中頃のワイキキビーチとダイヤモンドヘッド

日本で海外渡航が自由化されたのはいつ？

日本人旅行者の推移

　1964年の日本の海外旅行自由化とハワイ便就航に伴い、ハワイは日本人旅行者にとっても憧れの海外旅行先となった。この憧れと人気に火をつけたのは芸能人たちだ。また、テレビのクイズやゲーム番組の最高賞品が「ハワイ旅行ご招待」だった時代でもある。

　1982年には、沖縄・南九州を抜き、新婚旅行先の一番人気に浮上した。添乗員に付き添われての団体旅行の時代から個人旅行の時代へと移り変わり、日本人旅行者あっての観光業という今日のスタイルが定着しはじめた。旅行者数では日本人旅行者よりアメリカ本土からの旅行者のほうが2倍以上多いが、旅行者ひとりあたりの1日の消費額は逆転し、日本人旅行者が最も多い。

　日本人旅行者数は、湾岸戦争、SARS、さらには2001年の同時多発テロなど世界事情による大きな打撃を経験してきたが、ハワイはリピーター旅行者の多い観光地として、根強い人気に支えられている。

パスポート

「ピンク・パレス」と呼ばれるホテルは？

ワイキキ老舗ホテル

モアナ・サーフライダー・ウェスティン・リゾート

　1901年創業。5階建て、全75室のコロニアル様式の美しいホテルは当時のハワイで最も高い建造物であり、その凛とした美しさから「ワイキキのファーストレディ」「レディ・モアナ」と呼ばれた。ホテル前のビーチには長い桟橋が突き出ていた。1918年の増築で巨大なバニヤンツリーを中心とした中庭（バニヤンコート）が造られた。この場所から「美しいワイキキ・ビーチを見渡すモアナ・ホテルのバニヤンコートからお送りしております」で始まるラジオ番組『ハワイ・コールズ』が全米に向けて放送された(*1)。バニヤンコートはポリネシアンショーのステージになっていた時期もあるが、現在は建設当初の形に復元され、昔ながらの優雅なたたずまいで食事が楽しめる。かつてバニヤンベランダでは各テーブルにビャクダンの扇子が置かれ、おみやげとして出されていたが、残念ながら今日では見られない。しかし、創業当時からの人気メニューである「エッグス・ベネディクト」や「アフタヌーンティー」は今も健在だ。

モアナ・サーフ・ライダー・ウェスティン・リゾート

*1　1935〜1975年まで生放送された。

ロイヤル・ハワイアン・ホテル

　1925年、カリフォルニアとホノルルを結ぶ初のハワイ航路を就航させたマトソン海運が乗客宿泊用ホテルとして建設した。カアフマヌ王妃の夏の別荘があった場所に、ニューヨークの建設会社によって18カ月の建設期間と400万ドルという当時では破格の費用がかけられた。グランドオープン・パーティは1927年。このパー

ティにはハワイ王家の血縁者はもとより、当時の政治経済界に関わる名士や上流階級の人々が勢揃いした。ピンク色のスパニッシュ・ムーア様式のホテルはワイキキの青空の中に鮮やかに立ち、宮殿を髣髴とさせる姿は「ピンク・パレス」と呼ばれた。顧客名簿には世界の王族、大統領、ハリウッドスターが名を連ねた。ハワイへの旅行が禁止された第二次世界大戦中にはアメリカ海軍将校用の宿泊および休養施設として軍に接収された時期もあった。終戦とともに返還されると改装工事が行なわれ、1947年には再びピンク・パレスがよみがえった。

ロイヤル・ハワイアン・ホテル

ハレクラニ・ホテル

創業はロイヤル・ハワイアン・ホテルより早い1917年。前身は1907年にロバート・ルワース夫妻が始めた小さなビーチサイドホテル「Hau Tree（ハウツリー）」だ。ハレクラニとはハワイ語で「天国のような館」を意味する。

ハレクラニ・ホテル

ホテルとコンドミニアムの違いは？

変化する旅スタイル

　旅の楽しみにホテル滞在の楽しさを挙げる人は多く、アロハスピリットの島で過ごす「非日常」は多くの人を癒してきた。2005年調べのホテルおよびコンドミニアムのユニット数は約7万3000室とされており、ハワイ州のホテルは全米で最も占有率が高い。2007年現在もワイキキの大型再開発をはじめ各島で開発工事が行なわれており、ホテルやコンドミニアムのユニット数は増加しつづけている。また、近年ではタイムシェアシステムへと宿泊施設を変更するホテルも増えている。

コンドミニアム

　キッチンやリビングルーム付きのコンドミニアムでは、食べなれた食材を持参して料理できる、レストランを利用せずに済む、生活スケジュールを自由に組み立てやすいという点から、家族連れや長期滞在型の旅行者に支持を得ている。居住者向けのコンドミニアムはリース期間が数カ月以上という場合がほとんどだが、旅行者用のコンドミニアムはレンタル価格が若干割高にはなるものの、数日単位から利用が可能だ。レンタルの手続きもホテル宿泊のように簡単に行なえ、生活必需品はユニット内にすべて揃い、メイドサービスが利用できる場合も多いので、入居したその日から、普段に近い生活ができる。

長期滞在

　移住、永住とは異なるスタイルの長期滞在型余暇をハワイで過ごす人の数は年々増加している。これまでは若者や学生に多く見られた長期滞在者だが、今日では早期退職者から高齢者まで大きな広がりをみせている。長期滞在で最も一般的なのは、通常のビザ免除プログラムで滞在が認められている90日以内の滞在で、このほかに学生ビザ（F-1）や6カ月まで滞在可能の観光ビザ（B-2）などの利用者がいる。

長期滞在の魅力は、「暮らし」を体験できることにある。本格的な移住や永住を目指す人にも、現地での暮らしを模擬体験するには最適なスタイルといえるだろう。フラやウクレレ、ハワイアンキルト、ロミロミほか、ハワイの伝統文化や現地ならではの特殊技術を学ぶ目的で長期滞在する人が増えている。

　長期滞在にはコンドミニアムのほかにもルームシェアやバケーションレンタル、ホームステイといった賃貸のスタイルがある。長期滞在を繰り返すことを目的に不動産購入を考慮する方法もあるが、その場合は外国人の別荘購入となるため、ハワイ州在住の管理人か、管理会社に管理委託をすることが法律で義務づけられている。購入した不動産は、使用しない期間をバケーションレンタルとして有効活用することも可能だ。

タイムシェア

　リゾート物件の年間利用権利を週単位で購入するタイムシェアは、近年人気が高まっている。タイムシェアの普及でハワイ滞在のスタイルも大きく変わりつつある。大規模な再開発事業が進むワイキキでもタイムシェア物件の数はさらに増え、ネイバーアイランドでもタイムシェア人気は高い。

　タイムシェアはハワイ州の不動産所有として登記されるため、資産として相続、売却できることも魅力のひとつとなっている。不動産保有者の固定資産税や管理費も一括徴収されるとともに、クレジット決済も可能なため、現地にコンドミニアムを所有するのに比べ負担は軽い。物件によっては購入した宿泊週の単位をポイント化して、世界各地の提携リゾートやホテル宿泊の滞在に交換することも可能だ。タイムシェア物件のほとんどはホテル施設を利用できたり、ホテル同様のサービスとアメニティが完備されているため、定期的に旅行を計画している旅行者には合理的なシステムといえる。

Coffee Break　　　　　　　　　　　　　　　　ハワイ豆知識

虹のハワイ

　ハワイ州はレインボー・ステイト（虹の州）とも呼ばれていて、車のナンバープレートまで虹がデザインされています。また、ハワイ大学のスポーツチームにはレインボー・ウォリアーズ、レインボー・ワヒネといった名前がつけられています。

　ハワイの虹が特徴的なのは、水の分子が大きく、くっきりとした色の虹となりやすいためですが、時に主となる虹（主虹）がさらに反射してふたつめの虹（副虹）をつくることもあります。ハワイの人々にとって、雨は「天の恵み（ブレッシング）」なのですが、ふたつの虹もまた、恵みを呼ぶものと信じられています。

レストラン・ショッピング

HRCの発起人となった12人のシェフは？

ハワイアン・リージョナル・キュイジーヌ

　現代ハワイの料理界をリードするハワイアン・リージョナル・キュイジーヌ（HRC）は、自然発生的に生じたものではなく、12人のシェフたちの夢と熱意によって計画的に行なわれた食の世界のルネサンスといえる。

　90年代初頭、国際的なリゾートとして名を知られていたハワイだったが、「おいしいものがない」と言われることが多かった。リゾートとしてのクオリティが上がるにつれ、食の質的向上は必要不可欠なものとなっていた。

　この頃ハワイでは、世界トップクラスのレストランで実績を積み、さまざまな賞を獲得した才能溢れる若手シェフたちがクオリティの高い料理を提供するなど、地元で活躍を始めていた。そのシェフたちが、地元レストラン業界のクオリティを高め、食のルネッサンスを興す目的で結集し、始めたのが「ハワイアン・リージョナル・キュイジーヌ（HRC）」というプロジェクトだった。

　HRCの発起人となったシェフは、ロイ・ヤマグチ、アラン・ウォン、サム・チョイ、ジョージ・マブロサラシティス、フィリップ・パドヴァーニ、ロジャー・ディーコン、マーク・エルマン、エイミー・ファーガソン・オータ、ベバリー・ギャノン、ジャン・マリー・ジョスリン、ピーター・メリマン、ギャリー・ストレルの12人。

　HRCは単なるレストランレベルの向上だけではなく、「土地の恵みを食べる」というハワイの伝統食の基本を取り戻すとともに、多民族文化の象徴ともいえる「食」を通じてハワイアンのアイデンティティを保ちつつ、食を通じて世界にアロハスピリットを紹介することを基本に据えた。

　HRCのコンセプトは、地元の食材を使い、シェフの文化的または人種的なバックグラウンドを料理に反映させ、単なるEast meets West（東洋と西洋の融合）の料理を超えたものの創造だった。多民族文化によって築き上げられたハワイ独自の文化的背景と歴史が生み出したムーブメントといえる。

　また、当時のハワイのスーパーマーケットでは、食材のほとんどが米本土から送ら

れてくるものだったが、HRCのシェフたちが改革の手始めとして新鮮でクオリティの高い食材の地元調達から活動を始めたため、地元農家、水産業者、養殖業者、大学の研究室などがこれに協力し、優れた食材の生産と開発に取り組むようになっていった。地元の食材産業改革にも大きく貢献したのだ。

HRCは地元レストラン業界の核となり、12人のHRCシェフに続いて登場したチャイ・チャオワサリー、DK・コダマ、ラッセル・シウなどのシェフたちは「ハワイアン・アイランド・キュイジーヌ（HIC）」グループとも呼ばれ、ハワイの料理界をさらに充実させていった。

現在、州内にはHRCやHICのシェフたちが指導監督するカピオラニ・コミュニティカレッジの本格的シェフ養成コースをはじめ、各地の公立高校などでもシェフ養成のカリキュラムなどが提供され、さらなる新時代のシェフたちの育成に取り組んでいる。

ロイ・ヤマグチのレストラン「Roy's」（オアフ島）

レストラン・オブ・ザ・イヤーで
最多勝を誇るのは?

🌴 ハレ・アイナ賞

　HRCの名店から、ローカルダイナーやバー、B級グルメまで、州内の飲食に関するものすべてを対象とした賞。地元在住者による人気投票で選ばれるもので、ハワイの全レストランを評価する成績表のようなものといえる。

　1985年にスタートしたハレ・アイナ賞は、地元で大きな信頼と影響力をもつ雑誌『ホノルルマガジン』の読者投票で決定する。同誌のレストラン評は、厳しいコメントと正確なレポートで読者の信頼と共感を集める一方、レストランオーナーには脅威を与えてきた。このレストラン評を愛読するグルメたちが投票に参加できるということで、ハレ・アイナ賞はたちまち人気を集めた。料理評論家や業界関係者ではなく、料金を払う側であるハワイ在住読者の厳しくも正直な投票は、高い評価を得ている。発表は毎年1月号で行なわれる。

　ハレ・アイナ賞の獲得は、名実ともにハワイの料理界の頂点に君臨することを約束されるようなものだ。表彰状の数は、店にできる行列や予約取りの困難度にもつながっている。

　ハレ・アイナ賞には、レストラン・オブ・ザ・イヤーを筆頭に、最新レストラン賞、島別のベスト・レストラン賞、ベスト・サービス賞、ベスト・ワインリスト賞、ベスト・バー賞など多くのカテゴリーがあり、ハワイの食に関するさまざまな事柄をチェックできる。なかには"最もロマンティックなレストラン"とか、"旅行者の友人を連れて行きたいレストラン"など、ユニークなジャンルもある。また、ハワイ在住者の選ぶレストランが必ずしも在住日本人や日系人に人気の店というわけではない。日本人には意外な店が選ばれることも多く、地元住民がどのような視点や目的で選ぶのかという点で、旅行者にも役に立つ情報といえるだろう。

　HRCがハワイの人々に認知されて以来、レストラン・オブ・ザ・イヤーでは圧倒的な強さをみせている。ちなみに、2007年現在、ホノルルの「Alan Wong's」が最多受賞記録を更新している。

マラサダのルーツはどこ？

B級グルメ

■スパムむすび

　日系人に最も人気のあるローカルフードといえばスパムむすびだろう。スパムと呼ばれるハムの缶詰をスライスしたものを焼き、ごはんにのせて、海苔を巻いたものが基本だ。見た目はおむすびというより、巨大な握り寿司といえる。スパムむすびは作る人の数だけ種類があるといってよく、家庭によって仕上げ方はさまざまだ。オーソドックスなものから、ふりかけや玉子焼きを挟んだものなどのほか、スパムを揚げてカツ丼のようにタレで煮込んだスパムカツむすびなど、ユニークなものも多い。

スパムむすび

■ロコモコ

　スパムむすびと並んで人気のローカルフードがロコモコだ。無国籍風だが、ハワイらしさに溢れている。ロコモコ発祥の地を宣伝する店もあるが、1950年代にハワイ島ヒロで日系人の経営する「リンカーン・グリル」という小さな食堂がはじまりだとの説が強い。近隣の学生たちのため、店主があり合わせの具材で料理を作ったという。ごはんの上にハンバーグと目玉焼きをのせ、グレービーソースをかけただけのシンプルなもので、魚やチキンをのせる場合もある。盛り付けは丼でも皿でもよく、難しい定義はない。食べ方にもスタイルはなく、全体を混ぜてから食べる者もいれば、崩しながら食べる者など、人それぞれだ。ちなみに、初期のロコモコに目玉焼きはなかったようだ。

ロコモコ

■ プレートランチ

　ひとつの皿にごはんとおかずを盛りつけたハワイ版の弁当をプレートランチと呼び、B級グルメの代表的存在でもある。農園で働く移民たちが昼食時に持参した弁当のおかずを交換し合ったことから生まれたともいわれる。プレートランチは、民族と文化の融合を映し出す伝統の食といえる。

プレートランチ

　最も特徴的なものは、アイスクリームをすくう器具（アイスクリーム・スクーパー）で盛りつけたごはんと、マカロニサラダだろう。このふたつにさまざまなおかずが盛りつけられる。種類は日本食からハワイアンまでそれこそ無数にある。スパゲティにマカロニ付きという炭水化物のオンパレードというプレートもあるほどで、何でもいいのだ。

■ ランチワゴン

　キッチン付きのワゴン車で提供するプレートランチの店のことで、ビジネス街やビーチパーク、郊外の建設現場など、地元住民の集まるところには人気のランチワゴンが出没する。なかには同じ場所に10年以上も店を出し続けている老舗もある。最近では若いシェフが品質の高いメニューを出すようになっており、ランチワゴンの世界にも食の変化が到来している。地元の人たちは皆お気に入りのランチワゴンがある。ランチワゴンは午前11時頃に決まった場所に現われ、午後1時頃までの営業が多いが、商品が売り切れると店じまいとなる。

ランチワゴン

■ **オカズヤ**

オカズヤ（Okazuya）はハワイでは英語として通用するだけでなく、ハワイに根づいた「日本のオフクロの味」でもある。プレートランチとオカズヤの大きな違いは、前者がおかずとごはん、マカロニサラダがセットになっているのに対し、後者は単品で自分の好きなものを選ぶことができる点にある。また、オ

オカズヤ

カズヤにはプレートランチでは定番のごはんがない。ごはんの代わりに、いなり寿司や巻き寿司、おむすびのように手でつまめる主食が付く。オカズヤもプレートランチと同じく移民の文化から生まれたお惣菜屋がルーツだが、圧倒的に日本食が多い。エビの天ぷら、野菜の煮しめ、なます、きんぴらごぼう、魚の煮つけなど、ここがハワイであるのが不思議なほど、多くの日本の家庭料理が並ぶ。老舗のオカズヤには代々の常連がいるほど、ハワイの食文化に確固とたる地位を築いている。

■ **コーンスシ**

食に関する日本語がそのまま英単語になっているハワイだが、いなり寿司は英語のCone（円錐形）からコーンスシと呼ばれる。ハワイのいなり寿司は巨大な円錐形をしている。スパムむすびが一世を風靡するまで、小腹が空いたときのスナックといえ

コーンスシ（写真中央）

ばコーンスシだったほど地元に定着している。今でもコーンスシは、必要不可欠のメインメニューだ。味付けは日本のいなり寿司に近からず遠からずだが、やはりハワイ独特のものといえる。

■ **マナプア**

　ハワイ版の肉饅頭で、ハワイ語のマーナ（噛み砕いた固まり）、プア・ア（豚）が語源だといわれている。中国人移民が持ち込んだ広東料理の叉焼包（チャーシューまんじゅう）がルーツだとされ、日本のジューシーな豚肉入りの肉まんとはかなり異なる。中には真っ赤なチャーシューが入っている。チャイナタウンの有名店はもとより、町のコンビニエンスストアでも買えるスナックとして、人々に愛されている。さまざまな種類があるのはマナプアも肉まんと同じだが、ハワイにはこれらに加えてベイクド・マナプア（焼きマナプア）もある。柔らかく焼きたてのパンのような食感が特徴だ。このほかにも、沖縄の紫イモのアンコが入ったものなどもある。

マナプア

■ **マラサダ**

　マラサダはポルトガルの家庭で作られる菓子を、ハワイ風のスイーツにしたもの。キリスト教では復活祭の40日前を「灰の水曜日」という(*1)が、ポルトガルではその前日の「懺悔の火曜日」に、油で揚げたものを食べるという風習がある。そこで、1952年創業の老舗ベーカリー「レナーズ」の代表であるレナード氏は、母親の提案で、レナード家自慢のレシピをマラサダの名で売り出した。ポルトガル移民2世のレナードでさえ、マラサダは郷土色が強すぎてハワイの風土には向かないと思っていたほどだが、売り出すとたちまち人気に火がついた。見た目は揚げパンのようで、柔らかい口当たりと軽い食感はすっかりハワイの食文化に溶け込んでいる。

マラサダ

*1　実際には46日前だが、日曜日は含まないため、このように呼ぶ。この40日間をレント（四旬節）ともいう。

■モチ

　ハワイでモチといえば、正月用の餅ではなく餅粉（もち米をパウダー状にひいたもの）で作った菓子類が一般的だ。日系人は正月に餅を食べるが、ハワイでは一年を通じて多くの人が口にする。日系の餅菓子店ではチチダンゴに人気があり、家庭でもよく作られる。広島名産の乳団子がルーツだが、ハワイではココナツミルクを使うため、本家とは違う味わいがある。ハワイの家庭では菓子や料理作りにモチコを使うことが多い。

バターモチ

　チチダンゴと並び人気のあるのがバターモチだ。バターと砂糖をたっぷりと使ったアメリカ生まれの餅菓子だが、日本人には意外な取り合わせにみえるかもしれない。バターモチにはさらに、チョコレートモチやココナツモチなど、ハワイ独自の取り合わせもある。

■シェイブアイス

　虹色のカキ氷はハワイ名物としてよく知られている。日系人とともに海を渡ったかき氷は、常夏のハワイに定着。昔ながらの機械で削ったきめ細かな氷を、円錐形の紙カップに盛る。カラフルなシロップをかけ、ストローとスプーンで食べる。赤、青、黄の3色のシロップを重ねて7色の虹（の色）を出す。ちなみに、アメリカ本土にはスノーコーンと呼ばれる

シェイブアイス

かき氷風のスナックがあるが、日本のかき氷やハワイのシェイブアイスとは異なる。

■ **クラックシード**

　クラックシードとは日本の駄菓子屋のような存在で、甘酢漬けにした果実や乾燥果実など、中国の駄菓子がベースとなっている。街の商店街から大型ショッピングセンター内までさまざまな場所にあり、店内はいつも子どもたちで賑わっている。ハワイの子どもたちはクラックシードに目がなく、メインランドに移り住んだカマ・アーイプ（ハワイ出身の人）たちが一番恋しがるのもクラックシードのようだ。クラックシードの小袋入りはスーパーマーケットの菓子売り場にもあり、なかでもリーヒンムイと呼ばれる甘酢漬けの梅を乾燥させたものは高い人気を保っている。リーヒンムイには粉末もあり、果物やポップコーンに混ぜたり、カクテルの素材ともなる。

■ **サイミン**

　ラーメンに似たハワイ生まれのスープ・ヌードル。ラーメンに似ているが、独特の食感がある。麺は日本のラーメン、中国麺、フィリピン麺のパンシットがミックスされて生まれたともいわれ、スープはエビやカツオ節などシーフードベースが基本。あっさりとした感触が特徴となっている。具材には、なるとやチャーシュー、白菜、錦糸玉子、青ネギ、焼き海苔などのほか、店によってはバーベキュービーフや照り焼きビーフをのせるところもある。

サイミン（写真手前）

　オアフ島モイリイリ地区にあった旧ホノルルスタジアムの売店では、ホットドッグやハンバーガーよりカップ入りサイミンのほうが売り上げが高かったという。そこに目をつけたハワイ初のマクドナルドのフランチャイズオーナーが、マクドナルド本社にサイミン導入を提案。その結果、ハワイではマクドナルドでもサイミンが食べられるようになった。

■**オピヒ**

　「命をかけるほどのうまさ」とも呼ばれ、最高の海の珍味とされるのがオピヒと呼ばれる貝だ。円錐形の殻を持つカサガイ種の一種で、生息数が減っており、収穫制限もされている。「命をかけるほど…」というとフグを連想するが、オピヒに毒はない。収穫するのが命がけなのだ。オピヒは波の荒い岩場に生息し、強い吸着力で岩に張り付いている。これを鋭いナイフで剥がし取るのだが、荒波のタイミングを見計らい、素早く剥ぎ取るには経験が必要となる。タイミングを外すとまたたく間に波にさらわれ、場合によっては命を落とすこともある。

ABCストアの「ABC」って何？

ABCストア

　ワイキキ滞在中の旅行者なら、間違いなく一度はお世話になるハワイのコンビニエンスストアのパイオニアがABCストアだ。ABCストアのサクセスストーリーはワイキキ観光史の一部であるだけでなく、日系人史でもある。

　創始者は日系2世のシドニー・コササ氏。ABCストアの前身はコササ・ファミリーが1949年にホノルル市内に開業したドラッグストア（薬局を兼ねた雑貨屋）だった。1960年代にマイアミビーチを訪れたコササ氏は、そこに建ち並ぶストアを見て将来のワイキキの姿を描いた。ハワイに戻るとすぐにワイキキに物件を探し、未来のビジョンを誰よりも早くビジネスとして開花させたのだった。ABCストア1号店は1964年にオープンした。店のコンセプトは「旅行先で必要なものすべて」。滞在中の「もしも」に対応する薬や日用品、食料品からおみやげまで、旅行者の視点で商品を揃えた。

　旅行者数の増加とともに次々と店舗数を増やし、現在では、ハワイに30店舗以上、グアム、サイパン、米本土のリゾートにも進出している。

　店名の「ABC」は、創始者が「アルファベットの最初の3文字なら、英語圏外からの旅行者でも、間違いなく読んで覚えてもらえる」と考えてつけたものだという。

ABCストア

スポーツ

「サーフィン」を意味するハワイ語は？

ヘエナル

　熔岩に刻まれた絵（ペトログリフ）のなかに、ヘエナルのデザインがある。ヘエは「滑る」「乗る」、ナルは「波」のことで、サーフィンを意味する。チャントのなかにもヘエナルをうたったものがあり、古くから行なわれていたことを教えてくれる。

　ヘエナルを最初に西洋社会に紹介したのは、キャプテン・クックとともにハワイ島に到着したジェームス・キング中尉だった。1779年、キングは記録の中でハワイ人たちが波を自在に操る様子を「長い板を使って波に乗る彼らは水陸両生動物ではないかと思えるほどだ」と書き記している。

　当初、ヘエナルは特権階級のみに許された遊びだったが、やがて庶民にも普及し、波のよい日には村中の人たちが海へ行ってしまうこともあった。今日でも地元サーファーのなかには、波のよい日に学校や仕事を休む者が少なくない。

ヘエナル

王族のサーフスポットだったのはどこ？

サーフィン復興

　1800年代からハワイに移り住んだキリスト教宣教師たちは、肌を露出して波と戯れる行為を不道徳と決めつけヘエナルを禁止し、その後、伝染病などの流行による先住ハワイアンの人口減少も伴ってヘエナルは衰退していった。

　20世紀に入るとヘエナルは「サーフィン」として再び注目を集めるようになる。もともと王族のサーフスポットでもあったワイキキに観光客が増えはじめると、彼らのなかからサーフィンに挑む者が現われ、再び人気に火がついたのだった。

　今日では誰もがハワイをサーフィンの本場として認めており、オアフ島のノースショアやマウイ島のジョーズなど、数多くの世界的なサーフィンスポットがある。

　夏季は南海岸一帯に波が立ち、冬季は北海岸にビッグウェイブが押し寄せる。ハワイの伝説ともなったデューク・カハナモクを生んだワイキキでは、ビーチボーイズによるサーフィンレッスンが今日も行なわれている。

　サーフィンは年齢性別を問わず気軽にチャレンジできるスポーツでもある。高度な技術を競う大会は、全長の短いショートボードが中心だが、初心者や年長者は、ロングボードでゆったりとした波乗りを楽しんでいる。

　サーフィンは土地やスポットごとにローカル・ルールのあることが多いので、ワイキキなど著名なエリア以外は地元のサーファーに事前に確認するなどの気配りが必要だ。また、冬季の各島の北海岸は波が高くなるので、経験者であっても、技術を過信しないように気をつけるべきだろう。

サーフィン

デュークの銅像が建ったのはいつ？

デューク・カハナモク

　サーフィンは、ワイキキ生まれのデューク・カハナモクによって新たな歴史が始まった。1912年、ストックホルム・オリンピックの100メートル自由形にアメリカ代表として出場したデュークは、ワイキキの海で学んだ独自の泳法で金メダルを獲得した。一躍スターとなったデュークは、ハリウッドにも進出し、世界中に「ハワイ」と「サーフィン」を紹介したのだった。

　デュークは1890年8月24日、ワイキキに生まれた。デューク（公爵）という名は父の名を継いだもので、1861年にイギリスのエジンバラ公爵がハワイを公式訪問した年に父親が生まれたことからその名がつけられたという。デュークという名前のせいで幾度となく王族や貴族の血を引くのかと聞かれたが、彼はそのたびに「親父はただの警官だよ」と笑って答えたという。

　「人間は海から生まれ、海に還る」というのがカハナモク家の家訓だった。父と叔父はまだ幼いデュークをカヌーに乗せ、ワイキキ沖に出るとデュークを海に投げ込んで、泳ぎを覚えさせたという。

　デューク・カハナモクは77歳でこの世を去った。1990年、彼の生誕100周年を記念してワイキキのクヒオビーチに銅像が建てられた。銅像完成時、「なぜ像は海を背にしているのか」という批判もあったが、海を背に大きく手を広げる姿は、世界の人々を彼の愛したワイキキの海へ招いているようにも見える。

デューク・カハナモク財団

　1963年に創立されたスポーツ振興財団。1986年に改変され、デュークもメンバーだった名門カヌークラブ「アウトリガー・カヌークラブ」を引き継ぎ、「アウトリガー・デューク・カハナモク財団」として再スタートした。

　生前、デュークはサーフィンやスポーツを通してハワイの子どもたちの心身を鍛えることに力を注いだ。そのため、財団はフットボールなどに比べて奨学金の対象と

なりにくいオーシャンスポーツ分野を中心に、才能を発揮する子どもたちをサポートしている。

　財団の活動のなかでも年々規模が拡大し、注目を集めているのが「デューク・オーシャン・フェスティバル」だ。デュークの誕生日を記念してワイキキで開催されるこのイベントは、サーフィン大会やカヌーレース、ビーチバレー、サーフボードに乗って行なわれるウォーター・ポロなど、オーシャンスポーツの文化と歴史にスポットを当てたユニークな内容となっている。

デューク・カハナモク像

「ジ・エディ」が開催される条件は？

エディ・アイカウ

「Eddie Would Go!（エディならやるぜ！）」

サーファーたちの合言葉でもあり、バンパーステッカーやTシャツにも見られるこの有名な言葉の主人公「エディ」とは、伝説のサーファー、エディ・アイカウのことだ。彼は1946年、マウイ島に生まれた。13歳のときにオアフ島ワイメアに移住し、21歳のときに、ノースショアに出現した約12mという想像を絶するビッグウェイブを乗りこなし、世界にその名が知られるようになった。

1968年、ホノルル市郡政府に雇用され、ノースショア初のライフガードとなる。エディがライフガードを務めたあいだ、ワイメア湾ではひとりの事故死者も出なかったほど、彼のサーフィン技術と人命救助への取り組みは卓越していた。

ベテランのサーファーでも躊躇するような巨大な波に飛び込んで救助活動を行ない、不可能と思えるようなビッグウェイブを乗りこなすエディを見て「ほかの奴らには無理でも、エディならやれる！」という合言葉が生まれたのだった。

1978年3月16日、エディがクルーの一員として参加したホクレア号（→P.120）は第2回の航海に出た後、モロカイ島沖で嵐に遭って転覆し、クルー全員が暗闇の海に投げ出された。エディは船に積んでいたサーフボードに乗り、救助を求めてひとりラナイ島に向かった。カヌーにつかまり必死に夜を過ごしたクルーは全員救助されたが、エディは二度と戻ることはなかった。捜索も空しくエディは発見されず、彼は33歳の若さで伝説の人となった。

ジ・エディ（The Eddie）

オアフ島ノースショアのワイメアベイでエディ・アイカウをたたえて行なわれるサーフィン大会、「クイックシルバー・イン・メモリー・オブ・エディ・アイカウ・ビッグウェイブ・インビテーショナル」、通称「ジ・エディ（The Eddie）」は波の高さが約20フィート（6m）以上にならないと開催されない。

第1回は1986年にサンセットビーチで行なわれた。このときの波の高さは10フィートしかなかったため、以降はエディになじみのワイメア湾で、波の高さが20フィート以上あるときのみ開催すると決められた。また、参加は招待選手のみとなった。その後、2007年まで、大会が開催されたのは7回にすぎない。

　1987年の大会では、途中で波が低くなったため、大会はそこで打ち切りとなった。1998年の大会では反対に、あまりにも波が高くなって開催中止に追い込まれた。

　ルール改定後の最初の優勝者はエディの弟クライド・アイカウ。以降、1990年がケオニ・ダウニング、1999年がノア・ジョンソン、2001年がロス・クラーク・ジョーンズ、2002年がケリー・スレーター、そして2004年がブルース・アイアンズとなっている。

　大会の開催期間は12月1日から2月28日までの3カ月間。招待選手たちは波が到来するのをノースショアで待機しつづける。

「ジ・エディ」のTシャツ

世界一危険といわれるサーフスポットは？

トリプル・クラウン・オブ・サーフィン

　オアフ島のノースショアは世界のトッププロが集まるサーファーの聖地として知られる。毎年冬には、ワイメア湾、サンセットビーチ、パイプラインといったサーフスポットに、想像を絶するビッグウェイブに挑むサーファーたちを一目見ようと、ファンが押し寄せる。

　プロサーファーの世界一を決める「ヴァンズ・トリプルクラウン・オブ・サーフィン」は11月から12月にかけて開催される。大会は「OP・プロ・ハワイ」「オニール・ワールドカップ・オブ・サーフィン」「リップカール・パイプライン・マスターズ」の3つで構成されている。その後、女子プロ部門として「ビラボン・プロ・マウイ」（マウイ島）や「ロキシー・プロ」（ノースショア）が追加されている。

幻のジョーズ
「The Eddie」の波に匹敵するのは、冬季に数回発生するマウイ島のサーフスポット「ジョーズ」だ。波の高さ50フィート（約15m）、瞬間時速40kmに達することもある。まさに命がけのチャレンジだ。サーフポイントまではジェットスキーで運ばれる。世界一危険なサーフスポットだが、2007年時点で死者を出していない。

モロカイ島からオアフ島まで横断するカヌーレースは？

アウトリガーカヌー

　カヌーは海と共存して栄えてきたハワイ文化の象徴的存在だ。大海原を渡る航海から、日々の漁、神事に至るまで、人々はカヌーを操り、海とともに生きてきた。アウトリガーカヌーは船体の外にバランスをとるための浮き（アウトリガー）が取りつけられたものだ。ポリネシア圏内に多数あるカヌーのうち、ハワイの伝統文化やスポーツ競技として定着しており、ワイキキビーチなどのアトラクションとして観光客も手軽に体験できる。

　アウトリガーカヌーはチームスポーツとして名門カヌークラブや学校の運動部、社会人チームなど、広く普及している。夏季のレースシーズンには各地で大小さまざまなレースが開催されるが、最高峰のレースとして世界的に知られているのは、モロカイ島からオアフ島までを横断する"モロカイ・ホエ"だ。ハワイ諸島の海域のなかでも潮流の激しいモロカイ海流を越える過酷な長距離レースで、チームワークを保ちながら精神と肉体の限界に挑む。ホエにはハワイ語で「パドル（櫂）」「パドリング（漕ぐ）」という意味があり、人と人との絆を表わしている。

アウトリガーカヌー

太平洋のグランドキャニオンと呼ばれるのは？

🌴 トレイル

　ハワイ諸島各地に広がる大自然を体験するには、その中に身を置くのが一番だ。各島にはハイキングやトレッキングに最適なトレイルが数多くあり、子ども連れから上級者向けまでさまざまな自然を楽しめる。

　ダイヤモンドヘッドのように、よく整備され、日本語のパンフレットが用意されているところもあるので、ガイドブックなどを参考に出かけてみるといい。どうしても不安があったり、多少の体力や技術・経験が必要なトレイルの場合は、現地のガイドツアーに参加するという方法もある。

　トレイルに出かけるには、履き慣れた靴が必要となる。できればくるぶしまでの高さがあるハイキング・シューズを用意したい。そのほかに、水、雨具、非常食、地図などをデイパックに入れておこう。管理の行き届かない場所では、道に迷ったり、突発的な事故に遭遇することもまれにあるので、事前の情報収集を怠らないようにしたい。

　トレイルを歩くときは決められたルートを歩くこと。むやみに踏み跡を見つけて入ったり、ショートカットすると、迷うことにもなるし、何より植生や土壌を破壊することにもなる。また、レンジャーに見つかると罰金を科せられるのでマナーを守って行動したい。

カウアイ島のトレッキング・スポット

オアフ島の代表的トレイル
■ダイヤモンドヘッド：ハワイのシンボル的存在でもあるダイヤモンドヘッドは人気の観光地でもある。「子どもやお年寄りでもOK」と紹介されているが、炎天下の道を片道30分以上歩くうえに、途中には急な階段もあるので、足回りや水、熱射病対策などを忘れないようにしたい。
■マノア・フォールズ：地元住民にも人気のある滝見学のトレイル。きつくはないが、多少の体力は必要。雨の多い場所なので足回りをしっかりとして、トレッキング中はスリップに気をつけよう。世界最大のシダといわれるナンヨウリュウビンタイが頭上を覆い、ジャングル・ウォークの気分にしてくれる。終点にはマノア滝がある。下にプールがあるが、落石もあって危険なので、決して泳がないこと。

カウアイ島の代表的トレイル
■ピヘア・トレイル：「太平洋のグランドキャニオン」と呼ばれるワイメア渓谷の美しい自然とコケ・エの森での山鳥（ハワイミツスイやネネなど）観察が魅力の人気トレイル。終点の展望台直下の道がぬかるんでいることが多いので転倒に気をつけよう。
■カララウ・トレイル：断崖絶壁が連なる海岸沿いの、ワイルドな景観を楽しむトレイル。冬季にはザトウクジラのウォッチングも楽しめる。雨のときや長雨のあとはかなり滑りやすいので、初心者は気をつけたい。

モロカイ島の代表的トレイル
■ペペオパエ・トレイル：自然保護区に指定されている地域内の湿地帯にあり、シダ類やコケ類を中心に原生の自然が保存されている。トレイルには木道が通っているが、一部老朽化しており、雨の日はスリップしやすい。中級者向けのコースだ。アプローチは厳しく、4輪駆動車のしっかりとした運転技術が求められる。初めての人はガイド同伴を勧める。

ハワイ島の代表的トレイル

■ワイピオ散策：ワイピオ渓谷は代々ハワイ島のアリイ（首長）たちが住んできた自然の豊かな土地として知られる。いくつもの川を越えながら、さまざまな花や果実を見て歩くことができる。海岸には豪快なカルアヒネの滝がある。ただし、渓谷を歩くには急傾斜の崖道を登り降りしなければならない。渓谷は私有地も多いので、ガイドツアーの利用を勧める。

■ナパウ・クレーター・トレイル：片道30分ほどのプウ・フル・フルまでの往復。ほとんど平坦なので、子連れでも楽しめるが、指標となる岩塔（ケルン）を見失わないように気をつけること。途中には溶岩樹型や小さな洞窟などもある。

■キラウエア・イキ・トレイル：機械でならしたような平らなクレーターは1970年代の大噴火で出現した。クレーターの底からは、まだ地下の熱い溶岩から立ち上るガスが沸き立っている。初級クラスより少しハードだが、家族連れでも楽しめる。分岐点が多いので道に迷わないように気をつけること。

マウイ島の代表的トレイル

■カル・ウ・オカ・オー・オー：ハレアカラ・カルデラ内にある一番近い墳石丘の往復。月世界を思わせるような荒涼とした景観は圧巻だ。標高3000mを超えるので平地よりも体力を消耗しやすい。寒暖の差も激しいのでゆとりをもって行動したい。

■イアオ渓谷：ハワイの神々が住むと信じられ、歴代の王たちが眠る神聖な場所として知られる。1周30分ほどの散策道が造られており、最高地点からはワイルクの街も遠望できる。家族連れ向きの初級コース。

ラナイ島の代表的トレイル

■カホクヌイ〜ポアイヴァ・トレッキング：砂の道は眩しいほど白く輝き、波の音と鳥の声がのどかに寄せては遠ざかる。道が終わる先の海岸を少し進むと、沖合に打ち捨てられた船が見える。背後にはヘイアウ（神殿）の跡もある。初中級者向け。

ホノルルマラソンのゴール地点はどこ？

ホノルルマラソン

　日本人に最もよく知られる海外マラソンとしてすっかり定着したホノルルマラソンは、1973年12月16日に第1回大会が開催された。初のオアフ島公認マラソンには167名が参加した。当時、心臓病予防にマラソンを奨励していた外科医のジャック・スキャッフは、マラソンのゴール地点でもあるカピオラニ公園で毎週日曜日に心臓病の患者を対象としたランニングの指導を行なっていた。翌年、スキャッフたちは第2回大会開催を目指して「ホノルルマラソン協会」を設立する。彼を中心とするボランティアたちが毎年「ホノルルマラソン・クリニック」を開催して、ランニング指導を続けたこともあり、3年後の1976年には10倍ものランナーが集まった。

　ホノルルマラソンは国際マラソン大会としてその後も成長を続け、1995年の第23回大会では大会史上最多の3万4434名の参加を記録。今日では、日本からの参加が最も多い国際マラソン大会であるとともに、最も完走率の高い大会としても知られている。

ホノルルマラソン（2006年）

ハワイのゴルフコースは日本とどこが違う？

スポーツ全般

スポーツイベント

　ハワイの国際イベントは数多い。サーフィンの国際大会であるトリプルクラウン・オブ・サーフィン（11〜12月／オアフ島ノースショア）、PGAソニーオープン（1月／オアフ島ワイアラエ・カントリークラブ）、全米プロフットボールのオールスター戦NFLプロボウル（2月／オアフ島アロハスタジアム）、アイアンマントライアスロン（10月／ハワイ島カイルア・コナ）、さらにはホノルルマラソン（12月／オアフ島）など多くのスポーツが、世界の注目を集めている。美しい風景の中で繰り広げられるスポーツイベントは観光のPRにも大きな役割を果たしている。

PGAソニーオープン（2007年）

UHスポーツの魅力

　プロスポーツチームを持たないハワイ州では、ハワイ大学（UH）のスポーツチームがそれに代わる人気を集めている。在学生や卒業生はもちろん、州民の多くが同校のファンで、シーズンチケットを購入したり、スポーツバーや家庭のテレビの前に陣取って応援する。試合のときはハワイ大学のスクールカラーであるグリーンのシャツを着た人たちで溢れる。なかでも数多くのプロ選手を輩出してきた名門フットボールチームの「ウォーリアーズ」を中心に、男女のバレーボールやバスケットボール、野球などの人気が高い。スポーツの種類にかかわらず、男子チームはウォーリアーズ、女子チームはワヒネ（ハワイ語で女性）の名がつけられる。

ゴルフ

　気軽に楽しめる公営コースから、会員制のプライベートコース、さらにはハイクラスなリゾートコースまで、美しいハワイの自然を背景にプレイを楽しめる。ゴルフ専門誌のランキングにも登場する名門コースやプロトーナメントの行なわれるコースも少なくない。海岸沿いや溶岩台地に造られたコースはハワイならではの魅力がある。日本人にはなじみの高麗芝ではなく、目が細かいバミューダ芝が使用されているので、コースに慣れるまではボールの動きに悩まされることになる。また、芝目は西の方向に吹く貿易風に影響されることが多い。

ハワイのゴルフコース

Coffee Break　　　　　　　　　　　　　ハワイ豆知識

ハワイのお寺

　ハワイには、日本人移民が造ったさまざまな寺社や和風建造物があります。
　オアフ島ホノルルのダウンタウン周辺には、本願寺や出雲大社などが、ヌウアヌには三重塔や金閣寺を模した建物が、また、カネオヘには移民100年を記念して造られた平等院のレプリカと日本庭園があります。また、なぜか天守閣を模したキリスト教会や集会所などもあって、ハワイにおける日本人移民の文化史を垣間見ることができます。
　マウイ島ラハイナには浄土院と、青空の下で鎮座する大仏があり、カウアイ島やハワイ島にも多くの寺社があります。

癒し・アート

ハワイがパワースポットとされるのはなぜ？

古代の癒し

　ハワイの人々は神の存在と大自然の力によって「生かされている」と感じてきた。また、太平洋に浮かぶ孤島として、周囲を美しい海に取り囲まれ、地下数kmにはマグマが息づくところとして、独特の雰囲気が漂っている。癒しはそのような世界から与えられるものだった。そして今日、ハワイを世界に点在するパワースポットのひとつと信じる者は少なくない。科学的な根拠がなくても、「ハワイに来ると癒される」と感じる者は多いのだ。

　ハワイでは大企業や有名ブランド店でも、起業時やオープン時にはチャントをあげてもらう。日本のお祓いのようなものだと思えばよいだろう。州議会もその始まりにはハワイ語によるチャントが唱えられ、ハワイの伝統文化に対する敬意は今も島々に根づいている。

海に囲まれた島

「ロミロミ」って何？

医療・呪術

カフナ

　カフナとはヘイアウ（神殿）において神事を司る神官（祭司）だが、かつては、神官だけでなく、特殊な技術を修得した者（職人）や医術を施す者（医師）なども同じように呼ばれた。

　カフナを「カ・フナ」と区切ると、「フナ」には「秘密にする」「隠れる」という意味があることから、カフナの知識は秘伝だったと説く者もいる。だが、カフナのなかには、「カフナ」ということばは切り離すべきではないと説く者や、カフ・ナであると説く者もいる。「カフ」には「守る」「修得する」「保つ」という意味がある。いずれにせよ、今日のカフナは、呪術や医術を通じハワイの伝統文化を継承する、貴重な存在であることに変わりはない。

ロミロミ

　ロミロミには「揉む」という意味があり、マッサージを通じて心と体の癒しを施す。ロミロミは古くからカフナなどによって伝承された技術で、今日のロミロミとは異なり医療や呪術を基本としていた。今日でも伝統的なロミロミを施すカフナがわずかながらおり、日本における東洋医学のように病の種類によって両者を使い分ける者もいる。

ロミロミ

ラアウ・ラパアウ

　ラアウ・ラパアウを直訳すると「治療薬」となるが、一般にはハーブや薬草を用い病気やケガの治療を行なうとともに、心身の健康を保つための食事療法も施す伝統的な薬草医術を指す。西洋人が到来する以前のハワイでは、アフプア・アと呼ばれる限られた土地に根ざした暮らしをしていたため、カフナ・ラパアウ（医術を体得したカフナ）は患者の住んでいる場所を聞くだけで、食生活のパターンを知り、的確な食事療法も施すことができたという。昔からラアウ・ラパアウとして用いられてきた植物は、今日でも多く残っており、天然の抗生物質と呼ばれるノニや自然界の鎮静剤と呼ばれるカヴァ（アヴァ）などが注目されている。

ホオポノポ

　人の魂と身体は密接な関係にあるという考えに基づいたハワイの伝統医術では、病やケガの原因をあらゆる角度から検証したうえで治療を施していた。病やケガは、呪いや掟破り、家庭問題や神の怒りなどから生じると信じられていたようだ。

　治療法のひとつであるホオポノポは現代のカウンセリングに近い。意識改革をしたり問題解決を図ることによって病やケガを治そうとする。ホオポノポの基本思想は、すべてを「赦す」という点である。怒りや憎しみといったネガティブな感情を解放し、魂と身体を最良の状態に戻すのだ。グループカウンセリングや家族会議など、団体治療も行なわれたという。

火の神ペレにまつわる言い伝えは何？

海の癒し

　海は生命エネルギーの源でもあり、人間の病を治癒することができると信じられた。伝統治療のなかには、海水を撒いたり（ピ・カイ）、海水を飲む（イヌ・カイ）といった治療法もあった。また、神事や新生児のお清め、厄よけやお祓いなどの際にも海水に身を浸した。

ヒーリングストーン

　クヒオビーチにあるワイキキ交番横の大小4つの岩は「カフナ・ストーン」または「ヒーリング・ストーン」と呼ばれる。16世紀にタヒチからやって来たカハロア、カプニ、カパエマフ、キノヒという4人のカフナがこれらの石に強いマナを封じ込めたという。

　伝承によれば、岩はホノルル西部のカイムキから切り出されたもので、数千人の人々によってワイキキまで運ばれた。カフナたちは岩にそれぞれ自分の名をつけ、マナを込めてから帰国したという。

　以前はビーチに放置された状態で説明書きもなく、何も知らない旅行客のベンチや物置き台代わりとなっていた時期もあったが、1997年に鉄柵が作られ、ナウパカの植木に囲まれて霊力のある岩らしさを取り戻している。

石の霊力

　「ハワイ島キラウエア火山の熔岩を持ち帰ってはならない」という意識は、今も一部のハワイの人たちや観光客に根強い。石にはマナが宿っているため、持ち帰ると病気や事故に見舞われるといわれ、なかでもハワイ島のキラウエア火山は火の神ペレの伝説に結びつけて考える人が多い。そのため、後になって石を持ち帰った人たちから、石を元のところに戻してほしいとハワイの行政機関に送り返されてくることもある。

ハナペペの町はなぜ有名なのか？

🌴 アートの島

　ハワイの魅力は美しい自然と豊かな文化の融合ともいえる。各島にはさまざまな博物館や美術館、植物園、動物園、郷土資料館などがあり、展示物を通じてハワイの素顔を知ることができる。劇場やライブ施設も多く、コンサートや演劇、ミュージカルの公演も盛んだ。地元キャストによる公演から著名アーティストの世界ツアーまで、さまざまなイベントが一年を通じて提供される。

　毎年2〜5月は、「ハワイ・アートシーズン」と呼ばれる文化芸術奨励期間となり、州や市郡政府、観光局の後援で100を超える公演が行なわれる。

　世界各地から多くの芸術家がハワイに移り住み、カウアイ島のハナペペやハワイ島のホノカア、マウイ島のラハイナなど、各地にアーティストの集う町があるのも興味深い。

　オアフ島には特に多くの美術館や博物館がある。各施設はハワイに関係するものだけでなく、ポリネシア文化圏の歴史遺産も一定の割合で収集展示を行なっている点が特徴となっている。

ハワイのアーティストたちの作品が並ぶハワイ州立美術館

砂糖博物館がある島は？

主な文化施設

　ハワイには歴史と文化を展示する博物館やポリネシア文化を紹介する文化施設や移民の歴史資料館、劇場、美術館、各種ギャラリーなど、さまざまな施設があり、ハワイの今昔を教えてくれる。また、ここには紹介しきれなかったが、植物園や動物園、水族館をはじめ、ハワイ火山国立公園やハレアカラ国立公園、カラウパパ国立歴史公園、プ・ウ・ホヌア・オ・ホナウナウ国立歴史公園など、自然や歴史に関係するさまざまな国立、州立、公営の公園がある。

ホノルル・アカデミー・オブ・アーツ
（オアフ島ホノルル）

　ハワイ州最大規模の美術館。美術館の建物自体が、歴史建造物に指定されている。アジア芸術作品のコレクションは、アジア地区以外では最大規模、地元芸術家の作品をはじめ、

ホノルル・アカデミー・オブ・アーツ

ピカソ、モネ、ゴーギャン、セザンヌほか、世界的芸術家の作品が6つの庭園に囲まれた32のギャラリー内に展示されている。定期的なアートイベントも開催されている。

ハワイ・マリタイムセンター
（オアフ島ホノルル）

　ビショップ博物館が運営する海事博物館。ポリネシア人によるハワイ諸島発見に始まり、西洋社会の接触後に訪れた捕鯨時代や、サーフィン、カヌーの歴史などを紹介する。入口

ハワイ・マリタイムセンター

には19世紀末にスコットランドで建造されたハワイ王国時代の帆船「フォールズ・オブ・クライド号」や、伝統航海の実験カヌーであるホクレア号(*1)がある。

*1　航海に出ていないときにのみ停泊している。

ハワイ州立美術館（オアフ島ホノルル）

ハワイ州文化芸術保存協会が収集した5000点以上に及ぶハワイの芸術家の作品を展示する美術館。建物は1928年にスペイン様式で建造された歴史的建造物でもある。ハワイのユニークな多人種文化を反映した美術作品が、時代を超えて数多く集められている。特別エキジビションプログラムも開催されており、地元の芸術教育にも貢献している。

ハワイ州立美術館

ジャガー博物館（ハワイ島キラウエア）

ハワイ火山国立公園内にある火山博物館。キラウエアやマウナ・ロアに設置してあるものと連動した地震計があり、これらの火山が今も活発な活動を続けていることを知らされる。さまざまな形をした溶岩のサンプルや、サンプルを採集したときに燃えた防火服や、溶岩のからみついたハンマーが生々しい。アメリカ地質調査所（USGS）が運営する火山観測所に隣接する。

ジャガー博物館

カウアイ博物館
(カウアイ島リ(ー)フ・エ)

　カウアイ島の歴史を紹介する島内最大規模の博物館。カウアイ島の自然歴史文化だけでなく、移民文化にも力を注いでいる。また、ハワイアンキルトの展示でも知られている。

カウアイ博物館

捕鯨博物館 (マウイ島カアナ・パリ)

　マウイ島で捕鯨産業が盛んだった時代を紹介する博物館。ショッピング・モール「ホエラーズ・ビレッジ」の中2階にある。モールの入口には巨大なマッコウクジラの骨が展示されている。博物館内では、実際に使用されたさまざまな銛や船員の日記、捕鯨船の模型などがあるほか、スクリーンで当時の映像を流している。

捕鯨博物館

砂糖博物館 (マウイ島・プウネネ)

　マウイ島のサトウキビ農園で働いた日系人移民の歴史と、当時の機械などを展示している。博物館はかつて実際に従業員が暮らしていた建物を改造して使用している。隣接してサトウキビ工場があるほか、周辺には今もサトウキビ畑が広がる。

砂糖博物館

ハワイの主な年間行事

　ハワイでは年間を通じてさまざまな記念行事やイベントが開催される。豊かな多民族文化を反映させた文化イベントや世界が注目するスポーツや音楽のイベントなど、ハワイの個性と魅力を感じさせてくれる祭典の数々は、暮らしの楽しさを倍増させ、旅の思い出を演出してくれる。

1月 January

正月（全島）
ハワイの正月は週末にあたる場合を除いて基本的に1月1日のみ。公共機関をはじめ、ほとんどの職場が1日のみ休業で2日から平常どおりとなる。学校機関も通常は3日から登校。大晦日に花火や爆竹とともに最高潮に盛り上げてホリデーシーズンを締めくくるハワイの正月は、自宅で家族とともにのんびりと、というのが一般的だ。

PGAメルセデス・オープン（マウイ島）
カパルア・リゾート、プランテーション・ゴルフコースで開催されるUSPGA（全米プロゴルフツアー）の開幕戦。出場資格は前年度のツアー優勝者のみに与えられ、文字どおり男子プロゴルフ界のトッププレイヤーが集結する華やかな大会となる。

PGAソニー・オープン・イン・ハワイ（オアフ島）
カハラ地区の名門カントリークラブ"ワイアラエ・カントリークラブ"で開催される。前身は1928年にスタートしたハワイアンオープン（PGAツアーとなったのは1966年）で、1983年の大会最終日に日本人プロゴルファーの青木功が18番ホールでイーグルを決め、日本人として米国ツアー初の優勝を飾った。1999年からソニー・オープン・イン・ハワイと名称が変わった。アメリカはもちろん日本のセレブも参加するプロアマ大会などチャリティイベントもあり、人気も高い。

2月 February

プナホウ・カーニバル（オアフ島）
ホノルル市内の名門私立校プナホウ・スクールで開催される大規模なカーニバル。同校の授業料サポート基金募集の目的で行なわれ、学校敷地内に移動遊園地やゲーム、ローカルフードのブースなどが設営される。学校主催のカーニバルだが、長年オアフ島での人気イベントのひとつとなっている。プナホウ・カーニバルで売られる揚げたてのマラサダは、カーニバルでの定番人気商品でもあり、2日間の開催で32万個を売り上げたという記録も残されている。この時期、ハワイは雨季にあたるため、カーニバル開催時には雨が降るというジンクスがある。地元の住人たちはぬかるんだ地面で足元を泥まみれにするが、これもプナホウ・カーニバルの恒例行事の一部として楽しんでいる。

中国旧正月（全島）
中国系アメリカ人も多いハワイでは、中国旧正月の習慣もローカル文化として定着している。爆竹や獅子舞など、旧正月を祝う関連行事が各地で開催される。大型ショッピングセンターや高級ブランドのブティックにもお祝いの獅子舞が迎え入れられるが、これも国際色豊かなハワイならではの光景だ。ホノルルのダウンタウンにあるチャイナタウンでは大規模な祝賀イベントが開催される。

グレート・アロハ・ラン&ウォーク（オアフ島）

1984年に始まり、現在では規模、人気ともにハワイ最大を誇るチャリティスポーツイベント。ヘルシーなライフスタイルを奨励し、家族揃って参加できるイベントでもあり、出発点のアロハタワーからアロハスタジアムまで約13kmをマラソンやジョギング、ウォーキングと参加者がそれぞれのペースで楽しめる。コース沿道やゴールのアロハスタジアムでは催し物も行なわれ、フェスティバルとしての魅力も充分。

NFLプロボウル（オアフ島）

NFL（全米プロフットボール）のオールスター戦。アメリカプロフットボールのスター選手がハワイに集結して行なわれる夢の試合観戦に、全米から熱狂的フットボールファンが集まる。試合前、ホノルル市内では、プロフットボール関連イベントが開催される。

ハワイ・アートシーズン（オアフ島、マウイ島、ハワイ島、カウアイ島）

毎年2月から5月までの期間は"ハワイ・アートシーズン"と呼ばれ、ハワイ州内の文化芸術を奨励する特別期間となる。各地で音楽コンサートや演劇・舞踊などのパフォーミングアート、芸術展覧会などが開かれる。

3月 March

ホノルル・フェスティバル（オアフ島）

日本とハワイの伝統文化交流を目的に行なわれるフェスティバル。期間中は、各地の会場で日本の伝統文化や工芸、大道芸などのエキジビション、フラなどを通じて、日本とハワイとの交流イベントが行なわれる。

グレート・ハワイアン・ラバーダッキーレース（オアフ島）

アラワイ運河で行なわれるラバーダッキー（お風呂用おもちゃのアヒル）の大レース。2万個以上のラバーダッキーがカラカウア橋から運河に流される。レースといっても流れがほとんどないアラワイ運河にプカプカ浮かぶ大量のアヒルをのんびり眺めて盛り上がるのがハワイ風。1988年から続く由緒あるチャリティイベントだ。希望者はアヒルの里親券を購入しレースに参加する。収益はアメリカ脳性麻痺協会に寄付される。運よく一位に流れ着いたアヒルの里親には賞品が贈られる。

4月 April

メリー・モナーク・フェスティバル（ハワイ島）

陽気な王様（メリー・モナーク）の愛称で親しまれ、ハワイ伝統文化復興に尽力したカラーカウア王の功績をたたえて開催されるフラ競技会。フラの最高峰を選ぶ大会として世界的に知られている。第1回目の開催は1963年、現在のような競技会形式となったのは1971年の第8回目から。選ばれたフラ・ハーラウだけが出場できる由緒ある競技会であり、フラに関わる人々にとって大会出場は名誉でもある。ヒロのエディス・カナカオレ・スタジアムでイースターの日曜日の週に1週間にわたって行なわれる。

バニヤンツリー・フェスティバル（マウイ島）

ラハイナの中心にあるバニヤンツリーで行なわれるバースデイイベント。1873年に植樹され、癒しの木陰を与え続けてきた巨大なバニヤンツリーを囲んで、アクティビティ、エンタテインメントライブなどが楽しめる。

5月 May

レイ・デー（全島）
1928年以来、ハワイの5月1日はメーデーならぬレイ・デーとして、伝統文化を継承したたえるフェスティバルとして親しまれている。この日は、親しい人同士でレイを贈り合う習慣があり、各地で関連行事が開催される。オアフ島では、カピオラニ公園でホノルル市主催の祝賀行事が行なわれ、終日、レイ作りコンテストやレイ・デー女王の選出、クラフトフェア、ライブエンタテインメントなどが楽しめる。夕方からはワイキキシェルで、恒例のブラザーズ・カジメロのコンサートが開催される。

カ・フラ・ピコ・フラ・フェスティバル（モロカイ島）
フラの誕生を祝って、前夜はカアラの丘で、翌日はパポハク・ビーチパークで開催されるセレモニー。伝統的なフラやチャントのパフォーマンスが楽しめる。

ホノルル・トライアスロン（オアフ島）
ホノルルの中心で開催されるスポーツイベントとして知名度も人気も定着したトライアスロンレース。アラモアナ・ビーチパークをスタートし、スイミング（1500m）、アロハスタジアムまでの自転車レース（40km）、マラソン（10km）を経て再びアラモアナ・ビーチパークにゴール。世界のトップ・トライアスリートを含む数千人が参加する。

50thステートフェア（オアフ島）
毎年5月末から約1カ月にわたってアロハスタジアムの駐車場で行なわれる大型カーニバル。本格的な夏の訪れを告げるイベントでもある。移動遊園地やカーニバルのゲーム、エンタテインメント、フードブースなど、アメリカのカーニバルならではの雰囲気が楽しめる。

6月 June

カメハメハ・デー（オアフ島ほか）
ハワイ州を統一してハワイ王朝を築いたカメハメハ大王の生誕祭。オアフ島ホノルルのカメハメハ大王像では、数mもあるレイを像にかけるセレモニーをはじめ、カラカウア通りでのフローラルパレードや、カピオラニ公園でのフェスティバルなどが行なわれる。ハワイ島やマウイ島でも記念行事が開かれる。

まつり・イン・ハワイ（オアフ島）
日本とハワイの文化交流イベントとして地元に定着したフェスティバル。「日本伝統の祭り」をテーマに日本文化をハワイに紹介。開催期間中はホノルル市内各地で関連行事が行なわれる。最終日にカラカウア通りで行なわれる日本の祭りのパレードは、地元住民だけでなく旅行者にも人気が高い。

ボン・ダンス（盆おどり）（全島）
日本のお盆の風習は日本人移民とともに海を渡り、ハワイの夏の風習として根づいている。盆踊りはボン・ダンスと呼ばれ、地元の英字新聞には7月から8月にかけて週末ごとに各地で行なわれるボン・ダンスの予定表が載るほど、ハワイのライフスタイルに定着している。参加は自由で、誰でも気軽に参加できる。

7月 July

独立記念日（全島）
アメリカ独立記念日（7月4日）のイベントは各島で開催される。ハワイの独立記念日の楽しみ方はビーチピクニックやBBQパーティなど。夜の打ち上げ花火でクライマックスを迎える。

プリンス・ロット・フラ・フェスティバル（オアフ島）
カメハメハ5世（プリンス・ロット）をたたえて行なわれるフラ・フェスティバル。本格的な古典フラに出合えるイベントでもある。日本ではCMでも知られる大きなモンキーポッドの木があるモアナルア・ガーデンで開催。

クイーン・リリ・ウオカラニ・ケイキ・フラ・コンペティション（オアフ島）
6～12歳のダンサーを対象に、リリ・ウオカラニ女王をたたえて行なわれる伝統のフラ競技会。天才ダンサー誕生の登竜門ともいわれている。ハワイ州内の有名ハーラウから才能溢れる子どもダンサーが出場。ブレイズデルセンター・アリーナにて開催。

コロア・プランテーション・デー（カウアイ島）
サトウキビプランテーションで栄えたコロアの街のお祭り。ロデオ、クラフトフェア、スポーツイベントなどがノスタルジックな街で繰り広げられる。

ハワイアン・インターナショナル・ビルフィッシュ・トーナメント（ハワイ島）
世界から腕自慢のアングラーが参加する国際的フィッシング・トーナメント。大物のカジキマグロを目当てにハワイ島沖でフィッシングバトルが展開する。

ウクレレ・フェスティバル（オアフ島）
ハワイにおけるウクレレ指導の第一人者ロイ・サクマ氏主催によるミュージックフェスティバル。30年以上の歴史をもつウクレレの祭典には、地元はもちろん、米本土や日本をはじめとする海外のアーティストもゲスト参加する。カピオラニ公園内バンドスタンドにて開催。

8月 August

灯籠流し（全島）
日本の伝統行事がハワイに伝わり、地元の文化の一部として根づいた。花のレイやトロピカルフラワーが供えられた灯籠がハワイの海に流される風景は幻想的ですらある。

デューク・カハナモク・ホオラウレア（オアフ島）
1912年のストックホルム・オリンピックで水泳の金メダリストとなり、サーフィンの父とも呼ばれたデューク・カハナモクの生誕祭。ハワイ州の才能あるスポーツ選手に奨学金を提供する目的で設立されたデューク・カハナモク財団が主催。デュークの生まれ故郷であるワイキキで約1週間にわたって行なわれる。スポーツイベントをはじめとするさまざまな記念イベントがある。

9月 September

アロハフェスティバル(全島)
1946年から続くハワイ州最大のフェスティバルイベント。ハワイの伝統文化の継承を目的とし、9月から10月にかけてハワイ全島で開催される。

マウイ・マラソン(マウイ島)
ハワイで行なわれるマラソン大会のなかで最古の歴史を誇る。フルマラソンはカフルイのクイーン・カアフマヌ・センターからカアナパリのホエラーズ・ビレッジ間で行なわれる。

ホノルル・センチュリーライド(オアフ島)
健康的なライフスタイルの奨励を目的に企画されたイベント。自転車でハワイの自然のなかを走る醍醐味を満喫する。1981年のスタート以来、年々参加者が増加し、人気の高い国際イベントとなっている。参加者は20、25、40、50、75、100マイルの距離から自由にコースを選べる。

ナ・ワヒネ・オ・ケ・カイ(オアフ島、モロカイ島)
モロカイ・オアフ間の約65kmで競う、女性だけのアウトリガー・カヌー・レース。世界中からの参加者が過酷な海流のモロカイ海峡を越えるレースにチャレンジ。モロカイ島ハレ・オ・ロノ港をスタートし、ヒルトン・ハワイアン・ビレッジ前の海岸にゴールする。

10月 October

モロカイ・ホエ・カヌーレース(オアフ島、モロカイ島)
モロカイ島のハレ・オ・ロノ港から、オアフ島ワイキキのデューク・カナハモク・ビーチまでの約65kmを、ハワイ伝統のアウトリガー・カヌーで競うレース。ハワイのカヌークラブをはじめ、世界各国からのカヌーチームが参加する。

フォード・アイアンマン・ワールドチャンピオンシップ(ハワイ島)
1987年に世界初のトライアスロン大会として開催されたのをきっかけに、現在でも世界的に知られる伝統の国際トライアスロンレース。世界トップクラスのアスリートから、自己への挑戦を目指すアマチュアトライアスリートまでさまざまな人が参加する。

ハロウィン(全島)
アメリカで長く続くハロウィンのルーツは宗教行事。11月1日の万聖節の前夜にあたる10月31日は、日本のお盆のように死者の霊が家族を訪ねたり、悪霊や魔法使いまでがこの世に現われるといわれており、自らが魔法使いやオバケに仮装することで身を守るという習わしから発展した。今では、オバケや魔法使いだけではなく、スーパーヒーローや憧れの人物など思い思いの仮装をした子どもたちが日没後に「トリック・オア・トリート(お菓子をくれなきゃイタズラするぞ)」と言いながら近所の家を回ってお菓子をもらい、大人たちは仮装パーティを楽しむ。マウイ島フロントストリートはハロウィン・タウンとしても知られ、街を挙げてハロウィンを楽しむイベントが繰り広げられる。また、オアフ島ワイキキの仮装人間ウォッチも見逃せない。ハワイを意識してか、フラガールの扮装を楽しむ男性旅行者の姿はワイキキではよく見かける。

11月 November

ルイ・ヴィトン・ハワイ国際映画祭（全島）
北米、アジア、環太平洋地域のエンタテインメント、ドキュメンタリー、アニメーション作品が出展されて開催される国際映画祭。映画上映のほか、映画制作関係者や著名人を招いてのワークショップやセミナーなども行なわれる。

アロハ・クラシック・ウィンドサーフィン・チャンピオンシップ（マウイ島）
世界トップクラスのウィンドサーファーが参加して行なわれるハワイ州最大のウィンドサーフィン・トーナメント。ウィンドサーフィンのメッカ、ホオキパ・ビーチで開催される。

カラーカウア王生誕祭（オアフ島）
ハワイ王朝最後の王であるカラーカウア王の誕生日を記念して、イオラニ宮殿で行なわれる祝賀行事。宮殿は全盛期のハワイ王朝時代の飾りつけが施され、衛兵交代、ロイヤル・ハワイアンバンドの演奏など、優雅な王朝行事が再現される。

トリプルクラウン・サーフィン（オアフ島）
冬のノースショアの恒例イベント。11〜12月の開催期間中、世界から100人を超えるプロサーファーが参加し、期間中に行なわれる3大会（OPプロ、オニール・ワールドカップ・オブ・サーフィン、リップカール・プロ・パイプラインマスターズ）を通してノースショア伝説のビッグウェイブに挑む。3大会の総合覇者は名実ともに世界一の栄誉を獲得する。

12月 December

ホノルルマラソン（オアフ島）
日本の著名人の参加も多く、日本人ランナーの最も多い国際フルマラソンでもある。アラモアナ公園を出発し、クリスマスイルミネーションのダウンタウン、住宅街、ダイヤモンドヘッドなど、オアフ島の美しい風景のなかを走る。

クリスマス／ハヌカ（全島）
ハワイがクリスマスの飾りつけで輝きはじめるのは感謝祭直後の週末から。オアフ島ホノルルの冬の風物詩でもあるホノルル・シティライツで、12月初旬から年明けまで、ホノルル市庁舎を中心にダウンタウン一帯がクリスマスイルミネーションで飾られる。ハワイアンバカンスを楽しむサンタクロースとミセス・クロースの像、巨大なノーフォークパインのクリスマスツリーなど、トロピカルなクリスマスイルミネーションが楽しめる。マウイ島ラハイナでは、街の中心の巨大なバニアンツリーにたくさんのクリスマスライトやオーナメントが飾られ、華やかなトロピカルクリスマスツリーとなる。ハヌカはユダヤ教の祭事で、これまでハワイではあまり大きく祝われてこなかったが、近年になってハヌカを祝うハヌキアと呼ばれる8本のロウソクが立つ燭台がワイキキやホノルル国際空港にも登場するようになった。リンダ・リングル・ハワイ州知事（2007年春現在）は初めてのユダヤ系州知事でもある。

大晦日（全島）
爆竹と花火で賑やかに祝われるハワイの大晦日。世界でも類を見ないユニークなセレブレーションスタイルは楽しいことで評判を呼んでいる。

ハワイのことをもっと知るための
おすすめ書籍

神話

■古代ハワイ人の世界観
著者：マイケル・キオニダドリー
版元：たちばな出版
先住ハワイアン人の精神的な基盤であるマナやアクアなど、ハワイ文化を形づくる思想をわかりやすく紹介。

■南島の神話
著者：後藤明
版元：中公文庫
フラの精神的背景であるポリネシア神話を解説。カラーカウア王が発表したハワイの創世神話『クムリポ』も一部を除き翻訳。

□HAWAIIAN MYTHOLOGY
著者：Martha W. Beckwith
版元：University of Hawai'i Press
ハワイ神話学の総合書。ハワイとポリネシアの神々をはじめ、神話と人々との結びつきなどを詳細に解説。

自然（火山・地理・動植物）

■ハワイの自然──3000万年の楽園
著者：清水善和
版元：古今書院
ハワイ固有の植物を中心に、動物、地形・地理・地質、さらには歴史、文化まで、わかりやすく解説。

□Hawaii's bird
著者：H・ダグラス・プラット
版元：MUTURAL
ハワイの山鳥、海鳥、渡り鳥、町の鳥など、ハワイに生息する代表的な鳥類をフルカラーで紹介するコンパクト・ガイドブック。

□Tree & SHURABS
著者：H・ダグラス・プラット
版元：MUTURAL
固有植物を中心に、ハワイの代表的な植物（樹木・花・果実・シダ類）を数多く紹介。現地で持ち歩くのに最適。

■ハワイアン・ガーデン
著者：近藤純夫
版元：平凡社
フラの表現や装飾に欠かすことのできないハワイの植物について解説した植物事典。

■LEI ALOHA／ハワイの花とレイの解説
著者：Marsha Heckman
版元：Island Heritage Publishing
30種類ほどのレイを通じ、ハワイの植物や歴史、フラとの関わりを、著者の体験に照らし合わせてわかりやすく解説。

ハワイ語・歴史・文化・先住民

□HAWAIIAN DICTIONARY
著者：Mary Kawena Pukui and Samuel H. Elbert
版元：University of Hawai'i Press
ハワイ文化の研究では右に出る者のない著者たちによるハワイ語辞典。ハワイ語を学ぶすべての人にとってのマスターピース。

■ハワイ語文法の基礎
著者：塩谷亨
版元：大学書林
数少ない日本語によるハワイ語の文法を詳説した書物。巻末には簡単な単語集も添えられている。

■ハワイ
著者：山中速人
版元：岩波書店
先住ハワイ人の価値観から移民の歴史を経て、今日のハワイが抱える問題までを俯瞰できる。

□THE AHUPUA'A
監修：Kamehameha School
版元：Kamehameha School Press
18世紀以前のハワイの土地の単位として配置されていたアフプア・アを通してハワイの文化を学ぶ教科書。

■楽園考古学
著者：篠遠喜彦、荒俣宏
版元：平凡社
ビショップ博物館研究員の篠遠博士と、博物学者の荒俣氏による対談。ドクター・シノトのポリネシアの島々での冒険の数々を紹介。

■ピクチャーブライド
著者：カヨ・マタノハッタ、マリ・マタノハッタ、酒井紀子
版元：キネマ旬報社
ハワイに渡った日本人少女の絶望と愛、希望を描いた、実話をもとにした感動のラブストーリー。

□SHOAL OF TIME
著者：Gavan Daws
版元：University of Hawai'i Press
クックの来訪からハワイのアメリカ編入までを説いた、ハワイ史の定本とも言うべき歴史書。

フラ・音楽

■ハワイとフラの歴史物語
著者：矢口祐人
版元：イカロス出版
ナサニエル・エマーソンの功績や、メリー・モナーク・フェスティバルの歴史など、フラとハワイ文化についてわかりやすく解説。

■ハワイBOX フラの本
著者：近藤純夫
版元：講談社
美しいハワイの写真とともに、伝統的なフラの歴史を解説したビジュアルブック。神話や植物関連の資料なども数多く紹介。

■MANA 語り継がれるアロハスピリット
著者：サンディー
版元：デザインオフィースケイ
ハワイの文化そのものとも言えるフラの原点を探るべく、クム・フラでもあるサンディーの目を通じて、本物のハワイを探る。

■フラ事典
著者：カヴェヒ・ミラー編
版元：アドウエーブ
フラ専門誌「フラレア」に6年間掲載されたクム・フラへのインタビューを中心にまとめた本。フラにまつわるさまざまな事柄がコンパクトにまとめられている。

■フラのルーツを探す旅
著者：勝野雅奈恵、ニック加藤
版元：キッズネット
ハワイの美しい風景写真とともに、フラの歴史や神話、衣装、音楽などをわかりやすく解説。

□Sacred Hula
著者：Amy K.Stillman
版元：Bishop Museum Press
今日のフラと異なり、激しい身振りが特徴だった伝統フラのひとつであるアーラ・アパパを中心に、フラの原点を伝える。

□How to Make Your Own Hawaiian Musical Instrument
著者：Jerry Hopkins and Martin Charlot
版元：Bess Press Inc.
イプ・ヘケやウリー・ウリー・オへ・ハノ・イフ、パフなど、ハワイの伝統楽器の制作方法を図解。

□UNWRITTEN LITTERATURE OF HAWAII
著者：Nathaniel Bright Emerson
版元：New Era print. co
古典フラで用いられた歌40曲を解説するほか、ハーラウのしきたりやフラの女神の由来、衣装のことなど、フラの原点を説く。

一般情報（観光）・物語

■ハワイブック
著者：近藤純夫
版元：平凡社
火山の話を中心に、ハワイの自然と文化を独自の視点で語る。ディープな観光ガイドとしても活用できる。

■楽園BENTO BOX
著者：永田広美
版元：ソニー・マガジンズ
20年のハワイ暮らしで出逢ったおいしいローカルフードと、おもしろい裏話を紹介。

■無敵のハワイ
著者：まのとのま
版元：アスペクト
全編を詳細なイラストで描いた一風変わったハワイガイド。楽しみながらハワイの自然と文化が学べる

■エデンの炎
著者：ダン・シモンズ
版元：角川書店
作家マーク・トウェインとイザベラ・バードを彷彿とさせる主人公が、ハワイ神話の世界に引きこまれていく異色の推理小説。

□Atlas of Hawaii
編者：Sonia & James Juvik
版元：University of Hawai'i Press
ハワイの自然と文化を、イラストや統計を交えて詳細に解説したハワイ百科。

■ハワイ・マナー楽園の風物詩
著者：中野次郎
版元：集英社
ハワイ在住20年のドクターがハワイの植物や料理、さらには歴史にいたるまで詳しく紹介。

□Maui Revealed
著者：Andrew Doughty ほか
版元：Wizard Publication
一般的なガイドブックには載っていない場所まで足を運んで調べあげた現地レポート。カウアイ島編、ハワイ島編、オアフ島編も。

■ハワイ研究への招待
監修：後藤明 ほか
版元：関西学院大学出版会
さまざまな角度からハワイを語った学術論文集。ハワイ先住民文化、日系移民文化、現代ハワイのエスニックの三部構成。

※■は和書、□は洋書を表わす。

ハワイ語 INDEX

ア

ア・ア（ー）	ʻaʻā	75
アー	ʻā	87
アーイナ	ʻāina	154
アーイナハウ	ʻāinahau	189
アヴァ（カヴァ）	awa / kawa	37
アウアナ	ʻauana	113
アヴァプヒ	ʻawapuhi	37
アウク・ウ	ʻaukuʻu	87
アウフフ	ʻauhuhu	37
アウマクア	ʻaumakua	31
アエ・オ	aeʻo	87
アカ	aka	26
アクア	akua	26
アヌ・ウ	ʻanuʻu	116
アパパネ	ʻapapane	86
アハラヌイ	Ahalanui	77
アヒ	ʻahi	157
アフ	ahu	106
アフプア・ア	ahupuaʻa	106
アペ	ʻape	37
アマ・ウ	ʻamaʻu	83
アマキヒ	ʻamakihi	86
アラ・モアナ	Alamoana	183
アラエ・ウラ	ʻalaeʻula	87
アラパ・イ	Alapaʻi	41
アララ（ー）	ʻalalā	87
アラワイ	Alawai	192
アリ・イ	aliʻi	38
アロハ	aloha	180

イ

イアオ	ʻIao	66
イ・イヴィ	ʻiʻiwi	86
イヴァ	ʻiwa	87
イエ・イエ	ʻieʻie	112
イオラニ	ʻIolani	194
イナモナ	ʻinamona	157
イプ	ipu	134
イプ・ヘケ	Ipu Heke	134
イプ・ヘケ・オレ	Ipu Hekeʻole	134
イム	imu	147
イリ・アーイナ	ʻiliʻāina	107
イリ・イリ	ʻiliʻili	134

ウ

ウアラ	ʻuala	146
ウェレラウ	welelau	103
ウクレレ	ʻukulele	136
ウニヒピリ	ʻunihipili	119
ウハネ	ʻuhane	26
ウヒ	uhi	37
ウフ	uhu	89
ウミ	ʻUmi	38
ウリー・ウリー	ʻulīʻulī	135
ウル	ulu	81

オ

オ（ー）パカパカ	ʻōpakapaka	157
オ（ー）ヒ・ア	ʻōhiʻa	80
オ（ー）ヘロ	ʻōhelo	112
オ（ー）レナ	ʻōlena	37
オアフ	Oʻahu	60
オーラパ	ōlapa	111
オゴ	ogo	157
オノ	ono	157
オハナ	ʻohana	154
オピヒ	ʻopihi	216
オヘ	ʻohe	134
オヘ・カー・エケエケ	ʻohe kāʻekeʻeke	135
オヘ・ハノ・イフ	ʻohe Hano Ihu	135
オリ	oli	110

カ

カ（ー）フア	kāhua	116
カ（ー）モホアリ・イ	Kāmohoaliʻi	30
カラ・エ	Kalaʻe	69
カー・アナ	Kāʻana	62
カーコ・オ	kākoʻo	111
カーネ	kāne	28
カーネ・ホアラニ	kāne Hoalani	29
カーラ・アウ	kālaʻau	135
カアフマヌ	Kaʻahu manu	42
カ・アラ	Kaʻala	135
カイウラニ	Kaʻiulani	45
カイマナヒラ	Kaimana-Hila	200
カウ	kau	69
カヴァ	kawa (awa)	238
カウアイ	Kauaʻi	58
カヴァイア・ハ・オ	Kawaia Haʻo	197
カヴァイキニ	Kawaikini	74
カウコナフア	Kaukonahua	76
カウナ・オア	kaunaʻoa	178
カウナカカイ	Kaunakakai	186
カウムアリ・イ	Kaumualiʻi	40
カウルラー・アウ	Kaululāʻau	64
カナル	kanalu	116
カナロア	Kanaloa	29
カパ	kapa	100
カパフル	Kapahulu	192
カパルア	Kapalua	184
カハロア	Kahaloa	239
カピオラニ	Kapiʻolani	102
カヒキ	kahiki	49
カヒコ	kahiko	113
カプ	kapu	118
カフナ	kahuna	28
カプニ	Kapuni	239
カフルイ	Kahului	67
カヘキリ	Kahekili	40
カポ（カポ・ウラ・キナウ）	Kapo	115
カホオラヴェ	Kahoʻolawe	64
カポホイカヒオラ	Kapohoikahiola	31
カポレイ	Kapolei	168
カマ・ア（ー）イナ	kamaʻāina	154
カマコウ	Kamakou	74
カマニ	kamani	37
カマプア・ア	Kamapuaʻa	30
カメハメハ	kamehameha	39
カラ（ー）カウア	Kalākaua	44
カラウパパ	Kalaupapa	63
カララウ	Kalalau	229

252　＊それぞれ代表的なページのみ記載しています。

カルアヒネ	Kaluahine	76
カロ	kalo	148

キ
キ・イ	ki'i	111
キ・イ・ポーハク	ki'i pōhaku	109
キー	kī	112
キーパパ	kīpapa	116
キナウ	Kīnā'u	43
キノヒ	Kinohi	239
キ（ー）ヘイ	Kīhei	66
キワラオ	Kiwala'ō	40

ク
クァヴァ	kuawa	84
クアフ	kuahu	112
クイ	kui	99
クー	Kū	28
クーペ・エ	kūpe'e	99
ククイ	kukui	178
クヒオ	Kūhiō	222
クヒクヒ	kuhikuhi	116
クヒナ・ヌイ	kuhina nui	42
クム	kumu	111
クムリポ	kumu lipo	26

ケ
ケア・アウ	Kea'au	191
ケアヴェ	Keawe	40
ケアウホウ	Keauhou	88
ケアラケクア	Kealakekua	46
ケオ（ー）ウア	Keōua	40

コ
コア	koa	117
コアエ・ウラ	koa'e ula	87
コアエ・ケア	koa'e kea	87
コー	kō	146
コークア（コークア・クム）	kōkua	111
コオラウ	Ko'olau	61
コキ・オ	koki'o	82
コキ・オ・ウラウラ	koki'o 'ula'ula	82
コキ・オ・ケオケオ	koki'o ke'o ke'o	82
コケ・エ	Kōke'e	80
コナ	Kona	69
コハラ	Kohala	69
コペ	kope	84
コレア	kōlea	87

ナ
ナ（ー）パウ	Nāpau	230
ナ（ー）マカオカハイ	Nāmakaokahai	31
ナイ・ア	nai'a	92
ナウパカ	naupaka	239
ナ（ー）ナ・イ	Nāna'i	64
ナハ	naha	42

ニ
ニイハウ	Ni'ihau	59
ニウ	niu	146
ニホ・オキ	niho'oki	93

ヌ
ヌアヌ	Nu'uanu	130

ネ
ネネ	nēnē	86

ノ
ノニ	noni	84

ハ
ハ（ー）プ・ウ	hāpu'u	83
パーアオ	Pā'ao	38
ハーラウ	hālau	111
ハーラヴァ	Hālawa	63
ハーロア	hāloa	31
パーロロ	Pālolo	188
パイア	Paia	184
ハウ	hau	37
ハウマナ（ハウマーナ）	haumana / haumāna	111
ハウメア	Haumea	31
ハク・レイ	haku lei	99
ハナ	Hana	185
ハナペペ	Hanapēpē	240
ハナレイ	Hanalei	58
パニオロ	paniolo	136
パパ	Papa	31
ハパ・ハオレ	hapa haole	137
パフ	pahu	116
パフ・フラ	pahu hula	134
パ（ー）ホエホエ	pāhoehoe	75
パラカ	palaka	104
パラパライ（パライ）	palapalai / palai	112
ハレ・アイナ	hale aina	210
ハレ・ウム	hale umu	116
ハレ・パフ	hale pau	116
ハレ・マナ	hale mana	116
ハレアカラ（ー）	Haleakalā	74
ハレクラニ	Halekūlani	203
ハレマウマウ	Halema'uma'u	122
ハロア	Hāloa	148
ハワイ（イ）、ハヴァイ（イ）	Hawai'i	68

ヒ
ピア	pi'a	37
ヒイアカ	Hi'iaka	115
ヒーメニ	hīmeni	133
ヒイラヴェ	Hi'ilawe	138
ピ（ー）カケ	pīkake	98
ピコ	piko	109
ヒナ	hina	31
ヒナ・ヘレ	Hina hele	28
ヒナヒナ	hinahina	178
ヒロ	Hilo	69

フ
プア・ア	pua'a	106
フアラライ	Hualālai	74
プウ・ホヌア	pu'u honua	117
プー・イリ	pū'ili	135
プーニウ	pūniu	134
プカラニ	Pukalani	191
フナ	huna	237
プナ	puna	69

253

プナホウ	Punahou	244
フヌフヌヌクヌクアプアア	humuhumunukunukuapuaa	88
フムラウ	humulau	100
フラ	hula	110

ヘ

ヘイアウ	heiau	116
ヘー・イー	hēʻī	84
ヘエナル	heʻe nalu	220
ペ（ー）ペ（ー）・オ（ー）パエ	Pēpēʻōpae	62
ヘル・モア	Helumoa	188
ペレ	Pele	30

ホ

ホ・オパ・ア	hoʻopaʻa	111
ポアイヴァ	Pōʻaiwa	230
ポイ	poi	149
ホエ	hoe	227
ポー	pō	28
ホオキパ	hoʻokipa	184
ホオパ・ア	hoʻopaʻa	132
ポ（ー）ハク	pōhaku	116
ホーポエ	Hōpoe	115
ホ・オポノポノ	hoʻoponopono	238
ホオ・マナオ・マ	hoʻomanaʻo	102
ホ・オマナマナ	hoʻomanamana	119
ホ（ー）ク（ー）・レ・ア	hōkūleʻa	37
ホヌ	honu	91
ポノ	pono	119
ホノカ・ア	Honokaʻa	240
ホノコーハウ	Honokōhau	76
ホノルル	Honolulu	193
ポホイキ	Pohoiki	77
ポリアフ	Poliʻahu	30
ポリハレ	Polihale	58

マ

マ（ー）ノア	Mānoa	84
マーウイ	Māui	30
マーペレ・ヘイアウ	māpele heiau	117
マイ・ア	maiʻa	81
マイレ	maile	112
マウイ	Maui	66
マウナ・ケア	Mauna kea	73
マウナ・ロア	Mauna loa	185
マカヴァオ	Makawao	184
マカヒキ	makahiki	29
マカリ・イ	Makaliʻi	73
マカロア	makaloa	103
マキキ	Makiki	84
マナ	mana	119
マナコー	manakō	84
マノ（ー）・ハエ	manō hae	93

ミ

ミロ	milo	37

メ

メネフネ	Menehune	31
メレ	mele	113

モ

モイ	moi	88
モイケハ	Moikeha	39
モ（ー）・イリ・イリ	Mōʻiliʻili	192
モオキニ	Moʻokini	38
モーリー	mōlī	87
モキハナ	mokihana	178
モク・ア（ー）ヴェオヴェオ	Mokuʻāweoweo	69
モクプニ	mokupuni	106
モロカ・イ	Molokaʻi	62

ラ

ラ・ア・マイ・カヒキ	Laʻa mai Kahiki	39
ラ（ー）アウ・ラパ・アウ	lāʻau lapaʻau	238
ラーナ・イハレ	Lānaʻihale	74
ラウア・エ	lauaʻe (lauwaʻe)	83
ラウハラ	lauhala	103
ラウラウ	laulau / lau hala	152
ラカ	Laka	115
ラ（ー）ナ・イ	Lānaʻi	64
ラハイナ	Lahaina	184

リ

リ（ー）フ・エ	Līhuʻe	168
リケリケ	Likelike	133
リホリホ	Liholiho	42
リリ・ウオカラニ	Liliʻuokalani	133
リ（ー）ロア	Līloa	39

ル

ルー・アウ	lūʻau	148
ルアキニ	luakini	116
ルナリロ	Lunalilo	190

レ

レ（ー）・アヒ	Lēʻahi	88
レイ	lei	98
レレ	lele	116

ロ

ロ（ー）・イヒ	Lōʻihi	148
ロ・イ	loʻi	112
ロケラニ	lokelani	70
ロノ	Lono	43
ロミ	lomi	29

ワ

ワーケア	Wākea	31
ワイ・アレ・アレ	Waiʻaleʻale	61
ワイ・エレ	waiʻele	103
ワイアウ	Wai au	31
ワイアナエ	Waiʻanae	103
ワイキキ（ワイキーキー）	Waikīkī	185
ワイピ・オ	Waipiʻo	188
ワイマヌ	Waimanu	106
ワイメア	Waimea	69
ワイルア	Wailua	185
ワイルク	Wailuku	26
ワイレア	WaiLea	76
ワウケ	wauke	37
ワハ・ウラ・ヘイアウ	Wahaʻula heiau	38
ワヒアヴァ	Wahiawa	38
ワヒネ	wahine	232

参考文献

『THE CRY OF THE HUNA』モケ・クビヘア著　インナー・トラディションズ
『FEATHERED GODS AND FISHHOOKS』パトリック・V・カーチ著　ビショップ・ミュージアム・プレス
『FOLKTALES OF HAWAI'I / He Mau Ka'ao Hawai'i』メアリー・K・プクイ、ローラ・C・S・グリーン編訳　ビショップ・ミュージアム・プレス
『HAWAI'I ISLANDS LEGENDS / Pi'koi, Pele and Others』メアリー・K・プクイ編　カメハメハ・スクール・プレス
『HAWAIIAN LEGENDS OF THE GUARDIAN SPIRITS』カレン・ローベル・フライド著　ユニバーシティー・オブ・ハワイ・プレス
『HAWAIIAN ANTIQUITIES / Mo'olelo Hawai'i』デビッド・マロ著　ナサニエル・B・エマーソン英訳
『HAWAIIAN ANTIQUITIES AND FOLK-LORE』サミュエル・H・エルバート編　ユニバーシティー・オブ・ハワイ・プレス
『HAWAIIAN FOLK TALES』トーマス・G・スラム著　ミュージアム・プレス
『HAWAIIAN HISTORICAL LEGENDS』ウイリアム・D・ウェスターベルト著　ミューチュアル・パブリッシング
『HAWAIIAN LEGENDS OF GHOSTS AND GHOST-GODS』ウイリアム・D・ウェスターベルト著　タトル出版
『HAWAIIAN LEGENDS OF OLD HAWAII』ウイリアム・D・ウェスターベルト著　タトル出版
『HAWAIIAN LEGENDS OF VOLCANOES』ウイリアム・D・ウェスターベルト著　タトル出版
『HAWAIIAN MAGIC & SPIRITUALITY』スコット・カニンガム著　ルウェリン・パブリケーション
『HAWAIIAN MYTHOLOGY』マーサ・W・ベックウィズ著　ユニバーシティー・オブ・ハワイ・プレス
『HAWAIIAN MYTHS OF EARTH, SEA, AND SKY』ビビアン・L・トンプソン著　ユニバーシティー・オブ・ハワイ・プレス
『THE KUMULIPO / A Hawaiian Creation Chant』マーサ・W・ベックウィズ・英訳　ユニバーシティー・オブ・ハワイ・プレス
『LEGACY OF THE LANDSCAPE』パトリック・V・カーチ著　ユニバーシティー・オブ・ハワイ・プレス
『MYTHS AND LEGENDS OF THE POLYNESIANS』ヨハネス・C・アンダーセン著　ドーバー・パブリケーションズ
『NA PULE KAHIKO / Ancient Hawaiian Prayers』ジューン・ガトマニス著　エディション・リミテッド・ブック
『'ŌLELO NO'EAU』メアリー・K・プクイ著　ビショップ・ミュージアム・プレス
『PELE』ハーブ・K・カーネ著　カヴァイ・ヌイ・プレス
『PELE AND HIIAKA / A MYTH FROM HAWAII』ナサニエル・B・エマーソン　エディス・カナオレ・ファウンデーション
『STORIES OF OLD HAWAI'I』ロイ・K・アラメイダ著　ベス・プレス
『TALES OF THE MENEHUNE』メアリー・K・プクイ著　カメハメハ・スクール・プレス
『THE WATER OF KĀNE』メアリー・K・プクイ編　カメハメハ・スクール・プレス
『HAWAI'I VOLCANO WATCH』トーマス・L・ライト、タエコ・J・タカハシ、J・D・グリッグス著
『A NATIVE HAWAIIAN GARDEN』ジョン・L・クリニー、ブルース・P・ケーベレ著　ユニバーシティー・オブ・ハワイ・プレス
『ENJOYING BIRDS IN HAWAII』H・ダグラス・プラット著　ミューチュアル・パブリッシング
『FISHES OF HAWAII』スペンサー・W・ティンカー著　ハワイアン・サービス
『GROWING PLANTS FOR HAWAIIAN LEI』ハワイ大学（マノア校熱帯農業と人的資源科）監修・発行
『HAWAII / A NATURAL HISTORY』シャーウィン・カールキスト著　ナショナル・トロピカル・ボタニカル・ガーデン
『HAWAII DYE PLANTS AND DYE RECIPES』ヴァル・F・クロン・チン著　ユニバーシティー・オブ・ハワイ・プレス
『HAWAIIAN HERITAGE PLANTS』アンジェラ・K・ケプラー著　ユニバーシティー・オブ・ハワイ・プレス
『HAWAI'I'S NATIVE PLANTS』ブルース・A・ボーム著　ミューチュアル・パブリッシング
『IN GARDENS OF HAWAII』メアリー・C・ニール著　ビショップ・ミュージアム・プレス
『THE INDIGENOUS TREES OF THE HAWAIIAN ISLANDS』ジョン・F・ロック　パシフィック・トロピカル・ボタニカル・ガーデン
『LĀ'AU HAWAI'I』イザベラ・A・アボット著　ビショップ・ミュージアム・プレス
『NATIVE TREES & SHRUBS OF HAWAIIAN ISLANDS』サミュエル・H・ラム著　サンストーン・プレス
『PLANTS AND ANIMALS OF HAWAI'I』スーザン・スコット著　ベス・プレス
『PLANTS IN HAWAIIAN CULTURE』ベアトリス・H・クラウス著　ユニバーシティー・オブ・ハワイ・プレス
『NĀ LEI MAKAMAE / The Treasured Lei』メアリー・A・マクドナルド、ポール・R・ウィッチ著　ユニバーシティー・オブ・ハワイ・プレス
『THE AHUPUA'A』カメハメハ・スクール監修　カメハメハ・スクール・プレス
『ANCIENT HAWAI'I』ハーブ・K・カーネ著　カヴァイヌイ・プレス
『ANCIENT HAWAIIAN CIVILIZATION』カメハメハ・スクール監修　ミューチュアル・パブリッシング
『ANCIENT HISTORY OF THE HAWAIIAN PEOPLE』エイブラハム・フォーナンダー著　ミューチュアル・パブリッシング
『ANCIENT SITES OF HAWAI'I』ヴァン・ジェイムズ著　ミューチュアル・パブリッシング
『ARTS AND CRAFTS OF HAWAII』テ・ランギ・ヒロア（ピーター・H・バック）　ビショップ・ミュージアム・プレス
『EXALTED SITS THE CHIEF』ロス・コーディー著　ミューチュアル・パブリッシング
『FRAGMENTS OF HAWAIIAN HISTORY』ジョン・パパ・イイ著　M・K・プクイ英訳
『HAWAIIAN DICTIONARY』メアリー・K・プクイ、サミュエル・H・エルバート著　ユニバーシティー・オブ・ハワイ・プレス
『HAWAI'I LOOKING BACK』グレン・グラント、ベネット・ハイマー著　ミューチュアル・パブリッシング
『KAUA'I ANCIENT PLACE-NAMES AND THEIR STORIES』フレデリック・B・ウィッチマン著　ユニバーシティー・オブ・ハワイ・プレス
『NĀNĀ I KE KUMU 1, 2』メアリーK・プクイ他、編　フイ・ハーナイ
『NA KI'I POHAKU (Petroglyphs)』P・F・クウィドコウスキー編　ク・パ・ア
『NĀ MEA MAKAMAE』デビッド・ヤング著　パラパラ・プレス
『THE PEOPLE OF OLD』サミュエル・M・カマカウ著　ビショップ・ミュージアム・プレス
『RESOURCE UNITS IN HAWAIIAN CULTURE』ドナルド・D・K・ミッチェル著　カメハメハ・スクール・プレス
『SHOAL OF TIME』ゲイバン・ドウズ著　ユニバーシティー・オブ・ハワイ・プレス
『TALES AND TRADITIONS OF THE PEOPLE OF OLD / Nā Mo'olelo a ka Po'e Kahiko』サミュエル・M・カマカウ著　ビショップ・ミュージアム・プレス
『WORKS OF THE PEOPLE OF OLD, THE / Nā Hana a ka Po'e Kahiko』サミュエル・M・カマカウ著　ビショップ・ミュージアム・プレス
『HAWAIIAN HULA AND BODY ORNAMENTATION 1778 TO 1858』キャロライン・K・クラー著　ベアビル・プレス
『HULA / HAWAIIAN PROBERBS & INSPIRATIONAL QUOTES』メアリー・K・プクイ編　ミューチュアル・パブリッシング
『HULA / HISTORICAL PERSPECTIVES』D・B・バレール、M・K・プクイ、M・ケリー著　パシフィック・アンソロポジカル・レコード
『HULA PAHU 1, 2』第1巻　エイドリエンヌ・L・ケプラー著　第2巻　エリザベス・テイター著　ビショップ・ミュージアム・プレス
『SACRED HULA』エイミー・K・スティルマン著　ビショップ・ミュージアム・プレス
『SPIRIT OF HULA』レイラニ・ペトラネック編　ミューチュアル・パブリッシング
『UNWRITTEN LITTERATURE OF HAWAII / The Sacred Songs of Hula』ナサニエル・B・エマーソン著　タトル出版
『THE ECHO OF OUR SONG』メアリー・K・プクイ、アルフォンス・L・コーン編　ユニバーシティー・オブ・ハワイ・プレス
『HAWAIIAN MUSIC AND MUSICIANS: AN ILLUSTRATED HISTORY』カナヘレ著　ユニバーシティー・オブ・ハワイ・プレス
『THE HAWAIIAN STEEL GUITAR / AND ITS GREAT HAWAIIAN MUSICIANS』ロレーヌ・ロイマー著　センターストリーム・パブリケーションズ
『HOW TO MAKE HAWAIIAN MUSICAL INSTRUMENTS』ジム・ワイデス著　ミューチュアル・パブリッシング
『MUSICS OF HAWAI'I』リン・J・マーチン編　エドワード・エンタープライズ
『NĀ MELE WELO / Songs of Our Heritage』メアリー・K・プクイ編　ビショップ・ミュージアム・プレス
『THE QUEEN'S SONGBOOK』アグネス・C・コンラッド著　フイ・ハーナイ
『NĀ MELE HULA / A Collection of Hawaiian Chants』ノナ・ビーマー著　パシフィック・インスティテュート

＊和書はおすすめ書籍と重複するため省略します。

■執筆者
近藤純夫（エッセイスト・翻訳家）
神保滋（ライター）
永田広美（エッセイスト・ヒプノセラピスト）
村田実紀（ライター）
松浦正雄（コンテンツ・コーディネイター）

■監修
浅海伸一（布哇文庫WEBサイト運営者）
後藤明（南山大学教授）
清水善和（駒澤大学教授）
延江俊輝（ハワイ神話・歴史研究家）
矢口祐人（東京大学准教授）

■協力
浅沼正和（Bishop Museum Association Council メンバー）
塩谷亨（室蘭工業大学准教授）
Sonny Lim（ミュージシャン）
Leialoha Lim Amina（クム・フラ）
Nani Lim Yap（クム・フラ、シンガー）

■協力企業
アロハストリート
ロックスインターナショナル株式会社
株式会社パシフィックリゾート

■後援
ハワイ州観光局
オアフ観光局
ネイティブ・ハワイアン・ホスピタリティ協会
ビショップ・ミュージアム

■写真協力
ハワイ州観光局
スターウッド ホテル&リゾート ワイキキ
近藤純夫
アロハエクスプレス編集部（ソニー・マガジンズ）

■表紙・中扉デザイン
トリコデザアイン研究所（TRICO DESIGN LOVE!）

■本文デザイン
吉田俊樹（accord graphic）

■編集
アロハ検定協会（株式会社アミューズ、Killercontents LLC）
〒150-8570
東京都渋谷区桜丘町20-1 渋谷インフォスタワー12F
（株）アミューズ内
TEL:03-5457-3477

「アロハ検定」についてのお問い合わせ

■アロハ検定公式ホームページ
www.alohakentei.com

■お問い合わせ
アロハ検定事務局
FAX：03-5777-5513
E-MAIL：info@alohakentei.com

蚊はいつごろからハワイにいたか？

意外に思われるでしょうが、18世紀末にキャプテン・クックが来島するまでハワイ諸島に蚊はいませんでした。おそらく最初の蚊は、非衛生的な船倉の水たまりなどに潜んでいたのでしょう。今日では、雨の多い森林地帯などでは大量に発生するようになりました。

アロハ検定

アロハ検定公式テキストブック

2007年（平成19年）7月27日　初版第1刷発行

発行人／岡村尚正
発行所／株式会社ソニー・マガジンズ
　　　　〒102-8679　東京都千代田区五番町5-1
電　話／03-3234-5811（営業）
　　　　03-3234-7375（お客様相談係）
印刷所／大日本印刷株式会社

＊記事・写真の無断複写・転載を禁じます。
＊乱丁本・落丁本はお取り替えいたします。
ISBN978-4-7897-3100-3
Printed in Japan.
©2007 Sony Magazines Inc.